Li cada palavra de *O Evangelho no Trabalho* e o amei. Quero fazer dele um item essencial em discipular outros e obter muitas cópias. Este livro sugestivo e prático faz e responde as perguntas certas da maneira certa. Até ajudará o leitor a saber como orar melhor – em particular e em público. Duas de minhas pessoas favoritas produziram o meu livro favorito.

Mark Dever, *Capitol Hill Baptist Church*, Washington D.C., e presidente de 9Marks Ministries

Repleto de discernimentos e sugestões práticas, *o Evangelho no Trabalho* é uma valiosa contribuição para a redescoberta do lugar da fé no trabalho.

Os Guiness, autor de *The Call*

O *Evangelho no Trabalho* é uma grande cartilha sobre colocarmos nosso trabalho na perspectiva de nossa vida e do reino de Deus. Neste livro, escrito por dois cristãos comuns que têm vivido os altos e baixos da vida e do trabalho, Sebastian Traeger e Greg Gilbert nos oferecem discernimento, propósito e contexto para o assunto de trabalho. Uma leitura agradável, instrutiva e edificante.

Bob Doll, estrategista-chefe de participação acionária em Nuveen Asset Management

O melhor conselho que eu poderia dar para alguém é que leia *O Evangelho no Trabalho*. É mais do que um livro sobre achar propósito e significado em nosso trabalho; é um livro sobre como ter sucesso na vida. Sebastian Traeger e Greg Gilbert fizeram o excelente trabalho de prover orientação prática sobre uma pergunta que todos fazemos de vez em quando: "Qual é o propósito do trabalho na vida cristã?" Se você quer bem-sucedido na vida e desfrutar realmente o trabalho que faz, adote os princípios que se acham aqui. Este livro está cheio de incontáveis pepitas de sabedoria.

Gloria S. Nelund, diretora e CEO de TriLinc Global

Muitos cristãos sofrem da inabilidade de conectar seu trabalho com o evangelho. Aqui, Sebastian Traeger e Greg Gilbert oferecem argumentos claros e fundamentos bíblicos sólidos para entendermos corretamente nosso trabalho e por que ele é importante para Deus. *O Evangelho no Trabalho* ajudará cristãos em conectarem os pontos entre o trabalho e o reino de Deus. Por essa razão, devemos agradecer a esses colaboradores por sua boa obra neste livro importante.

Dr. Albert R. Mohler Jr., presidente de
The Southern Baptist Theological Seminary

As ideias apresentadas em *O Evangelho no Trabalho* não são uma teoria para os autores, mas a realidade em que vivem. Um autor escreve como um homem de negócios, o outro, como um pastor. Ambos lidam fielmente com o que a Bíblia ensina a respeito de nosso trabalho, nos mostrando as possibilidades estimulantes quando vemos nosso mundo pelos olhos de Deus.

J. D. Greear, Ph.D, pastor da *Summit Church*,
Raleigh-Durham (North Carolina), e autor de
Stop Asking Jesus into Your Heart e *Gospel*

Deus fez você e eu para trabalharmos. Ele nos deu o trabalho como meio de amar um ao outro. Sebastian Traeger e Greg Gilbert nos ajudam a perceber esta bendita visão do trabalho e aplicá-la na vida diária. Este grande livro me ajudará a acordar cedo na manhã de segunda-feira e agradecer a Deus pelo privilégio.

Collin Hansen, diretor editorial de The Gospel Coalition

O Evangelho no Trabalho é um guia para todo aquele que deseja considerar seriamente como glorificar a Deus por meio de seu trabalho. Sebastian Traeger e Greg Gilbert respondem perguntas sérias a respeito de como a fé e o trabalho se intersectam, com respostas bíblicas robustas. Depois de ler este livro, você ficará mais equipado para viver o evangelho em sua carreira.

Dr. O. S. Hawkins, presidente e CEO de
GuideStone Financial Resources

Você trabalha para o Rei, e isso muda tudo! Esse é o argumento básico deste livro bastante necessário e muito bem escrito sobre o trabalho. Nosso trabalho é necessário; é também uma oportunidade para glorificarmos a Deus e promovermos o evangelho. Obrigado, Sebastian Traeger e Greg Gilbert, por escreverem um livro tão oportuno.

Daniel L. Akin, presidente do *Southeastern Baptist Theological Seminary*, Wake Forest (North Carolina)

Imagine sentar-se ao lado de alguém para ter uma conversa profundamente sábia, biblicamente fiel e intensamente prática sobre o seu trabalho e o seu local de trabalho. Você achará isso neste livro. Sebastian Traeger e Greg Gilbert combinam praticidade real com fidelidade teológica neste livro imensamente pastoral. Depois de lê-lo, olhei para minha esposa e disse: "Todo cristão deveria ler este livro".

Jonathan Leeman, diretor editorial do ministério 9 Marks, autor de *A Igreja e a Surpreendente Ofensa do Amor de Deus*

Todos sabem que o trabalho tanto é necessário quanto árduo. Mas, o que isso significa? Alguns pensam no trabalho apenas como uma distração do ministério, como um mal necessário para atender a objetivos mais elevados; outros ainda, um lugar onde propósito e identidade podem ser achados.

Em *O Evangelho no Trabalho*, você achará dois guias cuidadosos e experientes – irmãos cuja sabedoria e ensino eu respeito profundamente – que sabem não somente as perguntas certas, mas também onde achar as respostas que dão vida.

Justin Taylor, editor-chefe de *The ESV Study Bible*,
Co-autor de *The Final Days of Jesus*

O Evangelho no Trabalho é um livro para profissionais escrito por profissionais. As perspectivas combinadas de negócio e pastorado fazem deste livro uma verdadeira narrativa de "como fazer". Definindo claramente nossos propósitos para o trabalho, enquanto respondem muitas de nossas perguntas-chave sobre nossa carreira, Sebastian Traeger e Greg Gilbert nos apontam uma liberdade que só pode ser dada por Cristo.

Lou Giuliano, ex-diretor, ex-presidente
e ex-CEO de ITT Industries,
co-fundador de Workforce Ministries

Este livro extraordinário e proveitoso será de valor imenso para muitos cristão quando pensam em seu trabalho. *O Evangelho no Trabalho* está arraigado em entendimento bíblico fiel e cheio de aplicação prática. Eu o recomendo entusiasticamente a todos aqueles que desejam considerar com seriedade como Deus pode usá-los em e por meio de seu trabalho.

William Taylor, pároco da igreja
St Helen Bishopsgate, Londres

Amei este livro! Sebastian Traeger e Greg Gilbert fazem um grande trabalho de explorar o porquê, o como, o quê e, principalmente, o por quem do trabalho. Sou grato pela ênfase no papel da fidelidade. Com esta perspectiva, fico mais livre para descansar no trabalho do que para descansar do trabalho.

Henry Kaestner, gerente-chefe em Sovereign's Capital, diretor executivo em Bandwith.com

O trabalho tem a ver com discipulado e adoração. Sebastian Traeger e Greg Gilbert entendem este aspecto crucial para um entendimento bíblico do trabalho. Em O *Evangelho no Trabalho*, eles oferecem um combinação apropriada de teoria e prática. A instrução deles é constantemente direcionada a ver o evangelho refletido em escritórios de negócios, canteiros de obras, restaurantes ou onde quer que os leitores estejam empregados. As perguntas que este livro aborda provam que os autores conhecem bem as comuns, mas difíceis, perguntas com as quais os cristãos lutam. As respostas que eles oferecem são claras e ajudarão a produzir fruto espiritual no mercado.

Dan Dumas, vice-presidente sênior para avanço institucional em *The Southern Baptist Theological Seminary*, Louisville (Kentucky)

O Evangelho no Trabalho

servindo Cristo em sua profissão com um novo propósito

PREFÁCIO POR DAVID PLATT

SEBASTIAN TRAEGER & GREG GILBERT

FIEL Editora

T764e   Traeger, Sebastian, 1973-
         O evangelho no trabalho : servindo Cristo em sua profissão com um novo propósito / Sebastian Traeger, Greg Gilbert ; prefácio de David Platt – São José dos Campos, SP : Fiel, 2014.

         216 p. ; 14x21cm.
         Tradução de: The gospel at work.
         Inclui índice.
         ISBN 978-85-8132-201-8

         1. Trabalho – Aspectos religiosos – Cristianismo. 2. Ética cristã. 3. Vida cristã. I. Título. II. Gilbert, Greg. III. Platt, David.

         CDD: 248

Catalogação na publicação: Mariana C. de Melo – CRB07/6477

O Evangelho no Trabalho - *servindo Cristo em sua profissão com um novo propósito*

Traduzido do original em inglês
The Gospel at Work - how working for King Jesus gives purpose and meaning to our jobs
Copyright ©2013 James Sebastian Traeger and Gregory D. Gilbert

■

Publicado por Zondervan,
Grand Rapids, Michigan, USA, 49530

Copyright © 2014 Editora Fiel
Primeira Edição em Português: 2014

Todos os direitos em língua portuguesa reservados por Editora Fiel da Missão Evangélica Literária
PROIBIDA A REPRODUÇÃO DESTE LIVRO POR QUAISQUER MEIOS, SEM A PERMISSÃO ESCRITA DOS EDITORES, SALVO EM BREVES CITAÇÕES, COM INDICAÇÃO DA FONTE.

■

Diretor: Tiago J. Santos Filho
Editor: Tiago J. Santos Filho
Tradução: Waléria de Almeida Coicev
Revisão: Marilene Lino Paschoal
Diagramação: Rubner Durais
Capa: Rubner Durais
ISBN: 978-85-8132-201-8

Caixa Postal 1601
CEP: 12230-971
São José dos Campos, SP
PABX: (12) 3919-9999
www.editorafiel.com.br

À minha família — Nikki, Alex, Wesley e Analeigh.
Todos vocês, sem dúvida, são a maior bênção e alegria
que Deus tem me dado nesta vida.
Eu amo vocês, e oro para que nossa vida seja
cada vez mais vivida para o Rei.
— Sebastian Traeger

Aos meus avós, Ralph Gilbert e E. W. "Dude" Surratt.
Não foi por meio de glória ou fama,
mas com honra e fé que eles serviram ao seu Rei.
Muito bem, servos bons e fiéis de Jesus.
— Greg Gilbert

Sumário

Prefácio de David Platt 13

Introdução - *O Desafio* 17

1 – *A Idolatria do Trabalho* 29

2 – *Indolência no Trabalho* 45

3 – *O Evangelho no Local de Trabalho* 59

4 – *Os Propósitos do Rei em Nosso Trabalho* 79

5 – *Como Devo Escolher um Emprego?* 99

6 – *Como Manter o Equilíbrio Entre o Trabalho, a Igreja e a Família?* 113

7 – *Como Lidar com Chefes e Colegas de Trabalho Difíceis?* ... 135

8 – *O Que Significa Ser um Chefe Cristão?* 151

9 – *Como Posso Compartilhar o Evangelho no Trabalho?* 165

10 – *O Ministério de Tempo Integral Tem Mais Valor Que Meu emprego?* 179

Conclusão - *Definindo o Sucesso* 195

Agradecimentos 203

Apêndice - *Cinco Práticas para Ajudar Você a Viver o Evangelho no Trabalho* 207

Prefácio
por David Platt

Se as pessoas que eu pastoreio trabalharem quarenta horas por semana, por quarenta anos de suas vidas, isso significa que elas empregarão mais do que oitenta mil horas em seu emprego durante sua vida toda. Essas horas nem mesmo incluem as milhares de horas que elas gastam na escola, se preparando para o trabalho, nem as milhares a mais que elas gastam nos carros, aviões e trens indo para o trabalho. Consequentemente, uma das nossas maiores necessidades na igreja é uma compreensão de como o trabalho diário, de acordo com a Palavra de Deus, está ligado ao supremo propósito de Deus no mundo.

Na igreja, nós precisamos desesperadamente perceber como o próprio Deus se deleita no trabalho, e como o próprio Deus designou o nosso trabalho por meio de sua graça, para o nosso bem e para a glória dele. Ao mesmo tempo, precisamos perceber como o trabalho, como uma marca da dignidade humana, tem sido arruinado pela depravação humana. O trabalho que foi designado para ser gratificante é frustrante; o trabalho que foi designado para ter um propósito parece sem sentido; e o trabalho que foi designado para ser altruísta tem se tornado egoísta. Consequentemente, nós nos vemos, por um lado, supervalorizando o trabalho a ponto de negligenciarmos nossa saúde, nossa família e a igreja; por outro, menosprezando o trabalho, numa cultura que alimenta o ideal antibíblico da preguiça e glorifica a ideia antibíblica de aposentadoria.

Mas existe outro caminho — um caminho melhor — para o trabalho, um caminho que se tornou possível por meio da obra de Cristo na cruz. No evangelho, o próprio Cristo garantiu nossa salvação, perdoando o pecado, dando satisfação para a nossa alma e significado em nosso trabalho, de maneira que agora somos livres para adorar a Deus de todo o coração enquanto trabalhamos, para amar os outros de modo altruísta em nosso trabalho e para confiar completamente em Deus com o nosso trabalho. O evangelho traz um significado importante para aquilo que é aparentemente mundano e oferece um propósito supremo para cada empregado e empregador do planeta.

Por essa razão, estou encantado, extasiado e cheio de satisfação (e poderia continuar com mais adjetivos!) por recomendar este livro a você. Assim que terminei de ler *O Evangelho no Trabalho*, de Sebastian Traeger e Greg Gilbert, meu primeiro pensamento foi: "Desejo que cada membro da igreja possa ler esse livro"; porque nele, um líder do mercado de trabalho e um pastor de igreja misturam fundamentos bíblicos com im-

Prefácio

plicações práticas, de uma forma maravilhosa; assim, tenho a esperança de que essas coisas, quando compreendidas e aplicadas, mobilizarão homens e mulheres que estão trabalhando arduamente em tudo o que fazem para adornar o evangelho; trabalhando de forma estratégica onde quer que Deus os leve, para o avanço do evangelho; todos, buscando trazer glória a Deus no campo missionário, conhecido como mercado de trabalho.

David Platt, Birmingham, Alabama

Introdução

O Desafio

Se você é como a maioria das pessoas, você gasta uma parte significativa de cada semana de sua vida em seu emprego. Você também gasta muito tempo *pensando* a respeito de seu emprego. O que preciso fazer em seguida? Como maximizo os lucros ou resolvo aquele problema, ou comunico esta necessidade?

Pode bem ser que pelo menos alguns de seus pensamentos a respeito de seu trabalho não sejam apenas acerca de transações, mas, sim, a respeito do sentido disso tudo. Por que estou fazendo isto? Qual é o propósito disto e, eu quero continuar fazendo isto? Como este emprego está me afetando como um ser humano? Está tornando minha vida melhor ou pior? Tudo isso vale a pena, e por quê?

É lógico que essas são boas perguntas. Mas se você for crente, há outra série de perguntas que são ainda mais importantes — perguntas que têm a ver com o fato de como o trabalho se enquadra nas intenções de Deus para sua vida. O meu trabalho está moldando o meu caráter numa direção piedosa? Como posso fazer meu trabalho, não apenas como uma forma de pôr comida na mesa, mas como um discípulo rendido a Jesus? Afinal, qual é o objetivo do trabalho na vida de um crente? Existe algum sentido nele além de providenciar bens e serviços, ganhar dinheiro e prover um meio de vida para minha família e eu? E por que, aliás, Deus nos permite gastar tanto tempo de nossa vida fazendo essa coisa específica?

À medida que conversamos com crentes de nossas próprias igrejas e círculos de amizade, essa preocupação a respeito do sentido ou do propósito do trabalho aparece vez após vez nos pensamentos que as pessoas têm em relação aos seus empregos. Elas querem saber como aquilo que elas fazem por quarenta e poucas horas por semana se encaixa nos planos de Deus. Querem saber que propósito isso desempenha, não apenas em suas próprias vidas, mas nas intenções mais excelentes de Deus para o mundo. Elas perguntam: "Este trabalho que ocupa tantas horas da minha vida e tanto do meu espaço mental, que às vezes me frustra sem nenhum objetivo e me dá grande alegria em outros momentos — enfim, o que tudo isso significa?". Essas são perguntas importantes, e elas brotam do senso bom e justo de que nada em nossa vida, incluindo o nosso trabalho, está lá simplesmente como uma "decoração de vitrine". Tudo isso se encaixa na grandiosa história da criação, do pecado e da redenção. Deus tem um propósito para tudo isso.

Introdução - O Desafio

COMO O NOSSO TRABALHO SE ENCAIXA NA HISTÓRIA?

Desde o princípio, a intenção de Deus era que os seres humanos trabalhassem. O trabalho não é uma consequência do pecado — embora nós experimentemos dias terríveis que nos tentam a pensar que ele é! A partir do momento que Deus criou Adão e Eva, ele lhes deu trabalho para fazer. Ele fez um jardim e lhes disse: "Trabalhem e tomem conta disso" (Gênesis 2.15). O trabalho que Adão e Eva deveriam fazer era perfeitamente prazeroso, um trabalho perfeitamente gratificante. Não havia qualquer fadiga entediante, nenhuma competição impiedosa, nenhum senso de futilidade. Eles faziam tudo como um serviço para o próprio Senhor, em um relacionamento perfeito com ele. O trabalho deles era só uma questão de colher as superabundantes bênçãos de Deus para eles!

O pecado de Adão e Eva, obviamente, mudou isso. Quando eles desobedeceram ao mandamento de Deus e se rebelaram contra ele, o trabalho deixou de ser simplesmente uma colheita da abundância de Deus. O pecado de Adão e a maldição de Deus contra o pecado afetou até o próprio solo. O trabalho se tornou doloroso e necessário para a própria sobrevivência de Adão e Eva. O lugar onde antes a terra produzia vigorosamente seus frutos — quase como se estivesse segurando-os com mãos zelosas e implorando para que Adão e Eva os colhessem — agora se tornara mesquinho. A terra reteve suas riquezas, e os humanos foram forçados a trabalhar de forma dura e penosa para obtê-las. A vida no oriente do Éden era completamente diferente da vida dentro dele.

O Evangelho no Trabalho

Compreender essa parte da história bíblica e o lugar do trabalho nela é, na verdade, crucial para nós como cristãos, pois ela ajuda a explicar porque o nosso trabalho sempre será, em um grau ou em outro, marcado pela frustração. O trabalho é difícil porque nós e o mundo ao nosso redor temos sido afetados pelo nosso afastamento de Deus. Por causa disso, não deveríamos nos surpreender com o fato de o trabalho ser às vezes difícil e doloroso. O trabalho tem a tendência de nos desgastar e esgotar. Ele pode ser uma fonte de grande frustração em nossa vida. Por outro lado, não deveríamos nos surpreender com o fato de que quando realmente apreciamos o nosso trabalho, há um perigo sempre presente de que o nosso trabalho nos consuma completamente — a ponto de nosso coração ser definido pelos interesses do trabalho e sermos reduzidos a meros *trabalhadores*.

O trabalho é necessário, o trabalho é difícil e até mesmo perigoso. Apesar de tudo isso, ainda assim está claro que Deus se preocupa profundamente com o que pensamos acerca de nosso trabalho e com a forma como nos relacionamos com ele. O que fazemos e o modo como o fazemos não estão fora do interesse de Deus. Quando Jesus morreu na cruz e ressuscitou dentre os mortos para redimir um povo para si mesmo, ele também se comprometeu a conformá-lo exatamente a ele, cada vez mais, pelo poder do Espírito Santo. A Bíblia nos diz que ele faz isso por meio de todas as circunstâncias de nossa vida — incluindo o nosso trabalho. O nosso trabalho é um dos principais meios que Deus pretende usar para nos tornar mais semelhantes a Jesus. Ele usa o nosso trabalho para nos santificar, desenvolver nosso caráter cristão e nos ensinar a amá-lo mais e a servi-lo melhor, até que nos unamos a ele no dia final, no descanso de nossos trabalhos.

Na verdade, o Novo Testamento considera bem importante a forma como devemos pensar a respeito do nosso trabalho. As seguintes passagens das Escrituras são cruciais, se quisermos ter uma compreensão bíblica sobre o nosso trabalho e o propósito dele no plano de Deus na redenção.

Em Efésios 6.5, 7, o apóstolo Paulo nos diz para realizar o trabalho "na sinceridade do vosso coração, como a Cristo... servindo de boa vontade, como ao Senhor e não como a homens". Em Colossenses 3.22-24, ele nos diz que devemos fazê-lo "em singeleza de coração, temendo ao Senhor". "Tudo quanto fizerdes" — Paulo continua escrevendo — "fazei-o de todo o coração, como para o Senhor e não para homens... A Cristo, o Senhor, é que estais servindo".

Que declarações maravilhosas são essas! Olhe mais de perto para o que a Bíblia diz acerca de seu trabalho: Tudo quanto você fizer, você deve fazê-lo *"como ao Senhor e não como a homens"*. Você deve trabalhar "de todo o coração, *como para o Senhor e não para homens"*. Você percebe a incrível importância dessas expressões? O trabalho não é apenas uma forma de passar o tempo e ganhar dinheiro. O seu trabalho é na verdade um serviço que você presta ao próprio Senhor!

Você pensa dessa maneira em relação ao seu emprego? Você percebe que não importa qual seja a sua profissão; não importa o que quer que seja que você faça nela; não importa quem seja o seu chefe ou o chefe do seu chefe; o que você faz em sua profissão é feito, na verdade, como um serviço para o Rei Jesus! Ele é quem o colocou lá neste momento de sua vida, e é para ele que você trabalha basicamente.

NÓS TRABALHAMOS PARA O REI, E ISSO MUDA... TUDO!

Realmente, essa é a ideia principal deste livro. Não importa o que façamos, o nosso trabalho tem propósito e sentido inerentes porque o estamos realizando basicamente para o Rei. *A pessoa para quem trabalhamos é mais importante do que aquilo que fazemos.* O mundo nos dirá o contrário. O mundo nos dirá que a vida encontra o seu sentido no sucesso no trabalho ou que o trabalho é apenas um mal necessário para o caminho do lazer. Todas essas formas de pensamento são mentirosas. Nós *realmente* trabalhamos para alguém superior ao nosso chefe. Trabalhamos para Jesus. Isso é a coisa mais importante que podemos saber e lembrar a respeito do nosso trabalho. Isso é muito mais importante do que a profissão em si, independentemente de a pessoa ser uma dona de casa, um banqueiro, um funcionário político, um trabalhador da construção, um barista ou um executivo de uma corporação. Não importa o que estejamos fazendo, nós o estamos fazendo para glorificar a Jesus.

Se mantivermos essa ideia principal em mente, isso mudará a forma como pensamos a respeito do nosso trabalho e nos empenhamos nele. Por quê? Porque quando glorificar a Jesus é a nossa motivação primordial, o nosso trabalho — independentemente do que esse trabalho seja em suas particularidades — passa a ser um ato de adoração. Ficamos completamente livres do pensamento de que o nosso trabalho é sem sentido e propósito, e somos igualmente libertos do pensamento de que o nosso trabalho possui algum significado *supremo*. Ainda mais, descobrimos, de uma nova forma, a ligação entre o nosso trabalho e a nossa principal identidade como discípulos de Jesus. Deixamos de nos desvencilhar de nosso papel de discípulos a cada dia de trabalho. Pelo contrário, o nosso compromisso com o nosso trabalho se torna uma das principais maneiras pela qual expressamos o nosso discipulado ao nosso Senhor e o nosso amor por ele.

O trabalho é importante. Isso ninguém discute. Mas trabalhar para *o Rei* é mais importante. Conforme veremos ao longo deste livro, essa compreensão fornece tanto a motivação diária para o nosso trabalho *quanto* as respostas práticas para algumas situações difíceis com as quais nos deparamos no mercado de trabalho. E mais do que isso, ela coloca o trabalho em seu devido lugar — cheio de significado e propósito, mas não em competição com aquele para quem o trabalho é feito em primeiro lugar. Nós trabalhamos, e isso é importante. Mas, acima de tudo, isso é importante porque é feito para o Rei Jesus.

INDOLÊNCIA E IDOLATRIA: AS FORMAS ERRADAS DE PENSAR A RESPEITO DO TRABALHO.

Lembrar de que trabalhamos para o Rei e exercer as nossas profissões a cada dia à luz dessa realidade não é fácil. É bem mais fácil cair no pensamento errôneo em relação ao nosso emprego do que manter uma perspectiva piedosa acerca dele. E há muitas maneiras de fazer isso da forma errada, não é mesmo? Nós nos pegamos murmurando em relação ao nosso emprego ou sendo preguiçosos no trabalho. Nós fazemos apenas o suficiente para nos manter longe dos problemas. Ou, por outro lado, encontramo-nos dando a nossa vida aos nossos empregos e negligenciando nossa família, nossa igreja e até mesmo a nossa própria saúde espiritual. Tudo isso parece muito complicado.

Mas será que é tão complicado assim? Quando consideramos essa questão seriamente, parece que a maioria dos pecados que enfrentamos quando se trata de nosso trabalho podem ser resumidos a algumas armadilhas. Por um lado, não podemos deixar que o nosso trabalho se torne um ídolo. O trabalho pode se tornar o objeto principal de nossa paixão, da nossa energia e do nosso amor. Acabamos adorando o trabalho. Por outro lado, podemos cair na indolência em nosso trabalho. Quando falhamos em perceber os propósitos de Deus para o trabalho, não nos importamos muito com ele. Falhamos em dar qualquer atenção a ele ou o desprezamos e, de forma geral, negligenciamos nossa responsabilidade de servir como se estivéssemos servindo ao Senhor. Infelizmente, tanto a indolência *no* trabalho quanto a idolatria *do* trabalho são celebradas em nossa sociedade. Temos a tendência de louvar aqueles que fazem do trabalho o centro de suas vidas, bem como aqueles que o lançaram totalmente para fora de suas vidas. Ambas as

Introdução - O Desafio

coisas são armadilhas — indolência e idolatria — embora haja uma má interpretação fatal a respeito de como Deus quer que pensemos acerca de nosso trabalho.

Exploraremos tanto a idolatria quanto a indolência de forma mais detalhada adiante. Por agora, basta reconhecer que nenhuma delas se encaixa na ideia bíblica de que nós trabalhamos para o Rei Jesus. Como podemos ser indolentes — trabalhar sem propósito e sentido — se o próprio Rei designou nosso trabalho para nós e se o fazemos como um serviço para ele? Como podemos estar contentes sendo relapsos em nosso trabalho e exercê-lo sem entusiasmo, quando, na realidade, fazemos o que fazemos *para ele*? Quando trabalhamos para o Rei, a indolência em nosso trabalho não é simplesmente uma opção. A idolatria também não é. Se o nosso trabalho é um meio de prestar serviço ao Rei e de adorá-lo, devemos combater a tentação de fazer do nosso trabalho o centro de nossas vidas. Jesus, e não o nosso trabalho, merece ser o objeto central da devoção do nosso coração.

UM OLHAR ADIANTE

Nós dois temos servido tanto no mercado de trabalho quanto no ministério. Sebastian (Seb) tem sido um empregado, chefe, proprietário, empresário, bem como, marido, pai, membro da igreja e um líder leigo em sua igreja. Greg tem feito muitas dessas coisas também, e ele também serve como pastor em uma igreja. Juntos, temos lutado com as perguntas que temos levantado, e nos voltamos para a Palavra de Deus para entender melhor o que significa para os cristãos serem trabalhadores fiéis, servindo ao Rei Jesus no mundo. Somos apenas um homem de negócios e um pastor que têm refletido sobre essas questões e esperamos compartilhar alguns pensamentos úteis com você. Escrevemos este livro porque *nós* precisamos ser lembrados regularmente sobre como aplicar o evangelho em nosso trabalho.

Este livro não é uma teologia sobre o trabalho. Ele não tem a intenção de expor tudo o que a Bíblia ensina a respeito do trabalho ou de responder a todas as perguntas que os crentes possam ter acerca do trabalho. Existem algumas questões teológicas espinhosas que não apoiaremos e das quais não trataremos. Esperamos que você não fique desapontado.

A nossa esperança é que este livro possa ajudar alguns cristãos a perceberem com mais clareza porque Deus lhes deu trabalho para fazer e como eles podem estar pensando de maneira pecaminosa a respeito do trabalho. Esperamos que este livro ajude alguns crentes a abandonarem tanto a idolatria quanto a indolência em prol de um modo de pensar mais bíblico acerca do trabalho: como um serviço para o Rei Jesus.

Nos primeiros quatro capítulos do livro, olharemos de perto a idolatria do trabalho e também a indolência, e depois consideraremos como uma compreensão bíblica de que nós trabalhamos para Jesus desafia e desarma esses dois pecados. Nos capítulos de cinco a onze, tentaremos aplicar essa perspectiva a um grande número de perguntas práticas. Uma nota final: pretendemos que este livro, em sua totalidade, "fale" por nós dois.

Ocasionalmente, no entanto, você encontrará uma história escrita utilizando "eu" em vez de "nós". Quando isso acontecer, tentaremos indicar qual de nós está contando a história.

Não sabemos por que você pegou este livro. Talvez, enquanto você lia esta introdução, você já tenha admitido para si mesmo: "É mesmo, eu tenho idolatrado o meu trabalho" ou "Esse sou eu. Eu tenho caído na indolência em meu trabalho. Eu simplesmente não percebo o desígnio de Deus em tudo isso". Talvez você seja um crente novo e esteja se perguntando como essa nova vida que você tem em Jesus funciona em seu dia de trabalho. Ou talvez seja por algum motivo completamente diferente. O nosso desejo é que não importa que tipo de confusão você tenha nutrido acerca do que significa trabalhar como um cristão em um mundo ímpio, essa ideia central da qual temos falado começará a libertá-lo para você experimentar propósito e sentido em seu trabalho. Se sua tendência for na direção da indolência — na direção da falsa ideia de que Deus não se importa com o seu trabalho — então, esperamos que este livro lhe recorde que você trabalha para o Rei Jesus, e que seu trabalho tem muita importância. Por outro lado, se sua tendência for na direção da idolatria — na direção da falsa ideia de que o trabalho é mais importante do que tudo e que é a chave para a satisfação suprema — então, oramos para que este livro transforme o seu trabalho de um objeto de adoração para um meio de adorar ao único Deus verdadeiro.

Mais do que tudo, esperamos que você seja encorajado a crescer em seu amor e conhecimento do Senhor Jesus Cristo à medida que você buscar os propósitos dele para você no mercado de trabalho.

> *Nota: se você estiver lendo este livro com outras pessoas — ao final de cada capítulo, fornecemos várias perguntas e passagens das Escrituras para estudo, que o ajudarão a refletir um pouco mais e a pensar sobre as ideias do capítulo. As perguntas foram designadas para serem usadas à medida que você ler o livro com um amigo ou um grupo pequeno. Considere quem poderá acompanhá-las com você. É importante ter outras pessoas com quem você possa ser sincero e que possam ser sinceras com você. Em Provérbios 16.13, lemos: "Os lábios justos são o contentamento do rei, e ele ama o que fala coisas retas", e Provérbios 27.6 declara: "Leais são as feridas feitas pelo que ama". Encontre pessoas que possam falar a verdade e feri-lo em amor.*

Capítulo Um

A Idolatria do Trabalho

Eu (Seb) me lembro da primeira vez que percebi que aquele trabalho havia se tornado um ídolo para mim. Esse momento veio exatamente depois de um ponto alto em minha carreira profissional. Um amigo e eu havíamos começado uma empresa, e, nos últimos anos, nós nos derramamos nela — coração, alma e corpo — e a empresa estava indo bem. Após cinco anos nessa aventura, por uma série de razões, decidimos que havia chegado a hora de vender a empresa. O grupo para o qual acabamos vendendo a empresa havia nos perseguido por vários anos, mas a nossa resposta sempre era: "Não, obrigado". Naquele momento, entretanto, parecia ser a hora certa. Durante os meses seguintes, passamos por uma experiência surreal de negociações para a venda. Quando a última fase — a fase quando os "advogados conversam com os contadores" — estava terminada, chegou a hora de fechar o negócio.

Ainda me lembro da conclusão. Eu estava em Anaheim, na Califórnia, quando meu sócio ligou de Washington para me dar o bê-a-bá da assinatura. Ele leu todos os documentos mais de uma vez. Fiz algumas perguntas sobre alguns detalhes, depois ele assinou e enviou os papéis por fax. A propriedade de nossa empresa foi transferida para outra pessoa, e uma porção significativa de mudança foi transferida a nós.

Foi um grande dia! Era também o início de uma nova era em minha vida. Deus estava para me ensinar algo novo sobre mim mesmo e sobre a maneira como eu abordava meu trabalho. Uma vez que a poeira da venda havia baixado, eu me deparei com uma nova realidade: tinha de encontrar alguma outra coisa para fazer. Ansioso, otimista e empolgado para ver aonde Deus me levaria em minha vida profissional, comecei a buscar novas oportunidades.

Procurei por um longo período. Um período realmente longo. Portas fechadas. Propostas rejeitadas. Telefonemas ignorados. E-mails que se "perderam". Ao final de vários meses de busca, eu tinha esgotado as ideias. Eu confiava que Deus estava me dirigindo para algum lugar, mas era para um lugar que eu nunca havia previsto ou desejado. Ele havia me levado ao desemprego, e junto com ele a uma falta de esperança e a um sentimento profundo e totalmente desconhecido de dúvida. Em apenas alguns meses, minhas emoções haviam despencado do topo do mundo para um lugar de desespero. Minhas expectativas, que haviam sido tão elevadas durante a venda de minha empresa, agora estavam arruinadas. Minha fé em Deus estava quase estagnando.

Como isso aconteceu? Por que eu experimentei essa profunda mudança em minhas emoções e expectativas? Por que a minha fé se abalou de forma tão profunda? Olhando para trás, posso ver o motivo. Minhas expectativas não estavam arraigadas em Deus, elas estavam arraigadas em minhas circunstâncias — em meu sucesso profissional e em minha capacidade de controlar o futuro. O trabalho havia se tornado um ídolo para mim. Meu senso de bem-estar — minha própria identidade como pessoa — estava envolto em meu sucesso profissional. Uma vez que isso se foi, eu fiquei devastado. Meu *deus* havia sido tirado de debaixo de mim. E me senti desesperado.

O QUE É UM ÍDOLO?

O que significa dizer que uma pessoa fez do trabalho um ídolo? Isso significa apenas que ela trabalha muito? Será que apreciar aquilo que fazemos, ter prazer em nosso trabalho é ser idólatra? E se gostarmos *demais* daquilo que fazemos? É errado querer deixar a nossa marca no mundo, "pôr a nossa pegada no universo" (assim como Steve Jobs fez)? Todas essas coisas podem perfeitamente ser boas motivações para o nosso trabalho, e nenhuma delas é necessariamente errada. O problema começa quando a nossa busca por satisfação, influência ou prestígio em nosso trabalho começa a fazer do nosso trabalho a fonte suprema de satisfação ou de significado para nós. Quando isso acontece, o nosso trabalho se torna o nosso Deus.

A Bíblia nos diz que o nosso coração é desesperadamente propenso a adorar ídolos. Somos adoradores pela nossa própria natureza como seres humanos. Nós *acharemos* algo diante do que nos prostrar, algo para entregar a nossa vida e devoção. Nós *adoraremos* algo. *Centralizaremos* a nossa vida em torno de algo.

A nossa compulsão para adorar não é algo ruim! Deus nos fez para a adoração. A adoração é uma coisa muito boa, contanto que o objeto adorado seja *digno* da nossa adoração. Sendo assim, qual é o objeto correto para a nossa adoração? Somente o próprio Deus. Jesus disse certa vez: "Ao Senhor, teu Deus, adorarás e *só* a ele darás culto" (Lucas 4.8, ênfase adicionada). A nossa adoração deve ser reservada para Deus. Somente ele deve dominar a nossa mais elevada devoção, e é em torno dele que devemos centralizar e organizar a nossa vida. Quando esse lugar de destaque vai para qualquer coisa ou qualquer outra pessoa, nós estamos dobrando os nossos joelhos a um ídolo.

No Antigo Testamento, os ídolos eram exatamente como você havia imaginado — pequenas estátuas de ouro semelhantes àquela que Indiana Jones roubou do Templo da Perdição. É claro, que elas nem sempre eram de ouro, e nem sempre eram pequenas. As pessoas adoravam esses objetos físicos porque acreditavam que eles representavam de alguma forma os deuses reais; seres espirituais com poder para satisfazer suas necessidades. As pessoas realizavam toda sorte de atos de adoração em relação aos seus ídolos, lançando riquezas aos seus pés, vestindo-os com as mais finas roupas e até se prostrando fisicamente diante deles. Elas organizavam suas vidas em torno de sua devoção aos deuses que esses ídolos representavam.

A Idolatria do Trabalho

Hoje em dia não somos toscos em nossa idolatria. Normalmente não temos estátuas de ouro para venerar, e nem nos reunimos em templos para oferecer presentes em abundância para essas estátuas. Temos nos tornado mais sofisticados em nossa idolatria, mas a nossa tendência para adorar as coisas no lugar de Deus é exatamente tão intensa como sempre. Para muitas pessoas hoje em dia, sua paixão é o seu trabalho e todas as coisas que seu emprego pode oferecer a elas — dinheiro, prestígio, identidade, prazer e propósito. O nosso trabalho aprisiona o nosso coração e a nossa devoção. Nós nos entregamos a ele dia após dia. Ele se torna o objeto principal de nossa paixão, da nossa energia e do nosso amor. Podemos não admitir isso de bom grado, mas adoramos o nosso trabalho.

Lucas 18.18-29 nos ajuda a compreender melhor o que significa permitir que algo se torne um ídolo para nós. Um governante rico vem a Jesus para aprender o que se exige dele para que ele herde a vida eterna. Jesus o diz, e aquele homem fala com empolgação que era exatamente assim que sua vida *sempre* foi! Mas, então, Jesus sonda a única área da vida daquele jovem que ele queria guardar para si mesmo. "Uma coisa ainda te falta", afirma Jesus. "Vende tudo o que tens, dá-o aos pobres e terás um tesouro nos céus; depois, vem e segue-me". A Bíblia diz que quando aquele jovem ouviu isso, "ficou muito triste, porque era riquíssimo". Desse modo, Jesus revelou o ídolo daquele homem — seu amor pelo dinheiro e pelo prestígio que isso oferecia a ele. Seu ídolo o impediu de seguir a Jesus.

Você percebe o ponto principal dessa história? Ela nos dá um dos exemplos mais claros e simples de idolatria na Bíblia toda. *Um ídolo é algo que desejamos mais do que desejamos Jesus.*

VOCÊ FAZ DO SEU TRABALHO UM ÍDOLO?

É fácil transformar o nosso trabalho em um ídolo. Nossa cultura nos pressiona para sermos bem-sucedidos, mas o sucesso é definido normalmente de maneiras específicas. Pense nas conversas que você tem quando encontra alguém que você não conhece. Uma das primeiras perguntas que você provavelmente fará é: "O que você faz"? Nesse ponto, a pressão é para convencer a outra pessoa de que aquilo que fazemos é importante, e que somos bons nisso. A sugestão social ao nosso redor nos força a encontrar a nossa identidade em nossa profissão — nas coisas que fazemos.

Idolatrar o nosso trabalho, no entanto, é mais do que apenas uma ideia ruim; é um perigo espiritual fatal. Se a nossa busca por alegria, satisfação e significado estiver centrada "naquilo que fazemos" e "naquilo que estivermos realizando", no final das contas não encontraremos nada além de um vácuo. A satisfação profunda e duradoura só pode ser encontrada quando nossa adoração é dirigida para o único que a merece — Jesus Cristo.

O nosso trabalho se torna um ídolo quando nos identificamos com ele em demasia. O nosso trabalho se torna o principal consumidor de nosso tempo, de nossa atenção e de nossa paixão, bem como o meio principal de medir nossa felicidade ou nossa insatisfação na vida. Então, quais são alguns dos sinais de advertência de que isso está acontecendo? Eis algumas das maneiras mais comuns de idolatrar o nosso trabalho. Veja se alguma delas descreve você.

1. O nosso trabalho é a fonte principal de nossa satisfação. É muito fácil buscar gratificação em nosso trabalho, encontrando o nosso propósito supremo no desempenho profissional e no sucesso no local de trabalho. Para alguns, esse tipo de idolatria toma a forma sutil da insistência em fazer apenas aquilo que foram "feitos para fazer" e da recusa em fazer — ou fazer bem feito — qualquer coisa aquém daquilo que eles têm paixão para fazer. Para outros, ela pode tomar a forma de uma frustração constante e opressiva — um sentimento de que seu trabalho não é totalmente gratificante. E para outros, é o oposto — uma autossatisfação crônica naquilo que eles já realizaram.

E você? O sucesso no trabalho supre uma grande necessidade de sua vida? Você acha que seu humor muda radicalmente à medida que seu valor profissional tem altos e baixos? O nosso trabalho jamais poderá oferecer o tipo de satisfação e gratificação que estamos exigindo dele. Ele simplesmente não foi planejado para alcançar essas expectativas. Portanto, não deveríamos nos surpreender quando a satisfação que experimentamos através de nosso trabalho desvanece ou falha em nos confortar.

É como uma criança andando de patinete. Ela pode andar muito bem em volta da garagem, mas fica furiosa quando o seu patinete não voa. Podemos achar isso cômico ou divertido, mas o menininho fica cada vez mais frustrado e bravo, chutando o patinete e gritando com ele. Obviamente, o problema é simples: patinetes não foram feitos para voar. A criança fica confusa em relação ao propósito do patinete — mas ele não *deveria* voar! Ele foi planejado para ser guiado. Se a criança tivesse as expectativas apropriadas com relação ao seu patinete, ela o desfrutaria melhor.

O mesmo é verdade em relação ao nosso trabalho. Se tivermos as expectativas corretas em relação ao nosso trabalho, provavelmente nos veríamos desfrutando-o mais. O nosso trabalho jamais foi planejado para carregar o peso de nos oferecer a satisfação suprema e duradoura. E quando tentarmos fazer com que ele carregue essa carga, logo ficaremos desapontados.

2. O nosso trabalho diz respeito a sermos os melhores, portanto, podemos fazer o nosso nome. O nosso trabalho pode se tornar um ídolo quando colocamos uma ênfase excessiva na busca pela excelência. É claro que não há nada inerentemente errado no fato de trabalhar duro e fazer o nosso trabalho bem feito. Na verdade, isso é algo que Deus exige de nós. O problema está em nosso desejo de sermos *reconhecidos* como alguém que é bom em alguma coisa. Isso pode facilmente se tornar um ídolo. Queremos causar uma boa impressão. Queremos que as pessoas nos notem e nos elogiem pelas nossas habilidades. Queremos que elas nos valorizem e enfim... nos glorifiquem.

Essa manifestação de idolatria no local de trabalho geralmente leva a uma mentalidade continuamente competitiva. Mentalmente, ficamos sempre avaliando quem é o melhor. "Será que sou tão bom quanto aqueles caras"? "Como as minhas realizações se equiparam às daquela pessoa"? Um pouco de competição pode ser saudável, ela pode levar-nos um pouco mais além e a trabalhar com mais empenho. Entretanto, isso se torna desastroso quando o nosso desejo de estar no topo começa a governar o nosso coração. Até mesmo quando somos bem-sucedidos, a idolatria do sucesso pode nos deixar com o sentimento de que isso ainda não é bom o bastante — um perfeccionismo incessante. E se não formos bem-sucedidos, a idolatria do sucesso pode nos levar a um desencorajamento autodestrutivo ou a uma severa resignação desoladora.

3. O nosso trabalho se torna principalmente uma questão de fazer a diferença no mundo. Outra forma de o nosso trabalho se tornar um ídolo é quando pensamos que o propósito absoluto de nosso trabalho é trazer algum benefício para as pessoas ao nosso redor. Há algo profundamente *correto* no desejo de fazer a diferença no mundo ao nosso redor. No entanto, esse desejo pode também se elevar à idolatria se acreditarmos que o valor do nosso trabalho é determinado basicamente pelo seu impacto no mundo.

Quando o nosso desejo de causar impacto ocupa a prioridade, é provável que Deus e seus propósitos sejam expulsos do cenário. Essa expressão de idolatria nos enche de orgulho, já que

O Evangelho no Trabalho

levamos o crédito pelas realizações de nosso trabalho, em vez de reconhecer essas conquistas como dons de Deus. O fato de fazer a diferença ou de trabalhar para "transformar o mundo" pode também nos levar a negligenciar outras responsabilidades dadas por Deus. Justificamos nossa negligência porque estamos fazendo algo bom — servindo aos outros. Mas depois, se os nossos esforços não produzem os resultados que queremos ver, ficamos desanimados e irados; ficamos frustrados, achando que o nosso trabalho foi simplesmente uma perda de tempo.

Toda forma de idolatria — todo ato de adoração a algo que não seja digno da nossa adoração — gerará frutos amargos em nossa vida. Os desejos bons e piedosos podem ser rapidamente transformados em ídolos, produzindo avareza, insatisfação e uma competitividade incessante. A idolatria é a clássica propaganda enganosa. Os ídolos prometem gratificação, mas nunca oferecem isso. Somos abandonados com uma insatisfação crescente e um anseio frustrado.

POR QUE O TRABALHO É UM deus TERRÍVEL?

Deus nos diz que nada neste mundo é digno da nossa adoração, exceto Jesus. Tudo o mais, inclusive nosso trabalho, falhará em trazer satisfação nesta vida e será inútil na vida por vir.

Por que é assim? Por que não podemos encontrar uma satisfação profunda e duradoura em nosso trabalho? Por que ele não traz a satisfação que tantas vezes nos convencemos que ele trará? A resposta é porque o nosso coração *sempre* quer obter mais. Se nos entregarmos ao ídolo do trabalho, descobriremos que ele é

A Idolatria do Trabalho

um capataz insuportável, um senhor de escravos que jamais pode ser totalmente satisfeito. Ele sempre nos desapontará e abandonará. No final, ele nunca concederá a satisfação que promete.

Eu (Seb) me lembro da primeira vez que reconheci essa verdade. Sendo um calouro da Universidade de Princeton, um dia eu estava caminhando pelo campus e percebi que havia alcançado a meta motivadora de todo o trabalho que eu havia realizado ao longo do ensino médio: eu era um estudante de uma das oito melhores universidades dos Estados Unidos! Naquele exato momento, entretanto, também percebi que eu não estava satisfeito. Por que não? Porque percebi que o ensino médio havia sido apenas um trampolim para chegar a Princeton, e agora Princeton havia se tornado um trampolim para algum outro alvo. Princeton parecia ser o alvo, mas, na verdade, não era. Eu ainda não estava satisfeito. Eu queria mais.

Pensando em tudo isso, comecei a me fazer a simples pergunta? *O que vem depois?*

- Eis-me aqui na pomposa faculdade; legal, e o que vem depois?
- Uma ótima profissão logo após a faculdade; checado, e o que vem depois?

Na minha opinião, a lógica da idolatria é evidente. *Sempre* haverá um próximo passo, *sempre* haverá algo mais para eu atingir. Trabalhar para mim mesmo e para a minha própria gratificação *sempre* acabará em insatisfação.

- Comecei uma grande empresa e fui bem-sucedido em desenvolvê-la; tudo bem, e o que vem depois?
- Uma casa enorme e uma casa de férias; já tenho isso, e o que vem depois?
- Produzi um filme em Hollywood; e o que vem depois?
- Comprei um time de baseball e posso considerá-lo o time dos meus sonhos, sim, e o que vem depois?
- Mais rico que Bill Gates — $40 bilhões no banco e $40 bilhões para caridade; e o que vem depois?

O problema ficou espantosamente claro: a cada passo, ao longo do caminho, eu estava olhando adiante para a coisa seguinte; uma coisa que pudesse finalmente cumprir aquela promessa de satisfação feita a mim. Mas não conseguia encontrá-la.

Entretanto, a realidade não é que o nosso coração sempre anseia por: "E o que vem depois?"; mas é também o fato vívido de que a Bíblia nos diz que o nosso trabalho é amaldiçoado. Quando os seres humanos se rebelaram contra Deus e mergulharam o mundo no pecado, o nosso trabalho tornou-se arduamente difícil, e seus frutos se tornaram penosos e transitórios. Apenas pioramos a questão quando falhamos em reconhecer essa realidade e começamos a buscar satisfação absoluta e duradoura em nosso trabalho.

Eis o principal problema com o fato de deixar que nosso trabalho se torne um ídolo: há sempre mais a ser feito, mais a ser conquistado. Sempre haverá um "E o que vem depois?".

a ser buscado. Sempre poderemos melhorar o nosso trabalho um pouquinho mais. Sempre poderemos ajudar mais pessoas, tornar a cidade um pouquinho melhor. Sempre poderemos tornar o nosso trabalho um pouco mais eficiente e um pouco mais fácil. A trave do gol continua se movendo, e a satisfação se comprova ilusória.

ENTÃO, QUAL É O CONSERTO PARA A IDOLATRIA DO TRABALHO?

A conclusão verdadeira e final de tudo isso é que não vale a pena viver para o mundo. Ah, mas ele alega que sim! E faz todo tipo de promessas a respeito do bem que ele pode nos dar se apenas esgotarmos nossa vida no serviço dele. Porém, só vale a pena viver para o próprio Deus. Somente ele pode dar a satisfação duradoura e absoluta.

E você? De que maneira você tem buscado intensamente a felicidade, alegria, gratificação ou propósito em seu trabalho? Você tem se visto desejando mais o bem que seu trabalho promete do que tem desejado a Jesus? Você transformou o seu trabalho em um ídolo? Se a resposta for sim, a solução é simples, embora não seja fácil: Você precisa se arrepender! Você precisa rejeitar essa forma de pensamento fútil e errônea, reconhecer sua idolatria do trabalho como ela realmente é e concentrar sua mente no *trabalho como um ato de adoração a Deus*. Quando você fizer isso, você descobrirá, para sua grande alegria, que a trave do gol parou de se mover de repente. Isso acontece porque uma vez que fundamentamos a nossa vida, alegria e satisfação em Deus, não há mais "E o que vem depois?".

Por que não? Porque não há necessidade de nada mais.

1. Leia Lucas 18.18-29 e reflita.
2. A devoção ao seu trabalho é o principal princípio organizador de sua vida? O que aqueles que o conhecem bem (amigos, família) dizem?
3. Este capítulo cita uma lista com diversas advertências sobre as maneiras de transformar o trabalho num ídolo, de forma pecaminosa. De que maneiras você tem transformado o seu trabalho num ídolo?
4. Fazer do trabalho um ídolo pode ser um pecado sutil, muitas vezes disfarçado numa forma que tem aparentemente boas intenções, como trabalhar muito, ganhar dinheiro, e assim por diante. Cite alguns hábitos práticos com os quais você pode se proteger para não fazer do trabalho um ídolo.
5. Pense num período de sua vida em que você esteve satisfeito com as realizações em seu trabalho. Talvez tenha sido um artigo bem escrito, uma apresentação bem proferida ou um projeto de constru-

ção finalizado. Quanto tempo durou essa sensação de realização? O que essa experiência sugere acerca da futilidade de transformar o seu trabalho num ídolo?
6. Quais são os "E o que vem depois?" de sua vida? Como você geralmente controla essas coisas?

Capítulo Dois

A Indolência no Trabalho

Eu (Seb) comecei meu primeiro negócio quando estava no ensino médio. Um dia, um amigo da família me perguntou se eu estaria interessado em ser pago para selar o seu deck. Fui à loja de ferragens e tive lições sobre como utilizar todas as ferramentas necessárias para fazer o serviço: lavadoras de alta pressão, vernizes, seladoras, técnicas — tudo o que estava disponível. Fiz o trabalho para ele, e enquanto eu estava trabalhando, bateu a inspiração. Em vez de apenas desfrutar a provisão do trabalho de uma única tarde, decidi imprimir panfletos e pregar na vizinhança. "Selador Profissional de Deck!" Em um dia consegui mais dois trabalhos. Meu novo pequeno negócio estava decolando.

Minha motivação alvo nesse negócio não era oferecer um serviço superior ou mesmo embelezar a vizinhança, muito menos glorificar a Deus por meio de um trabalho bem feito.

O Evangelho no Trabalho

Meu alvo era selar a maior quantidade de decks possível, no menor tempo possível, pelo máximo de dinheiro possível e com o mínimo de esforço possível! O final dessa história não é feliz. Meu foco lunático na velocidade, custo e facilidade produziu um trabalho de péssima qualidade. Por exemplo, eu não achava que era necessário tirar os vasos de plantas antes de selar os decks. Então, alguns de meus clientes descobriram uns círculos não selados em seu deck quando mudaram seus vasos de lugar no outono. Optei por não proteger as laterais da casa também, e por isso, acabei deixando um traço brilhante na base da alvenaria. Para minha vergonha, mais de um cliente teve que me pedir para refazer o serviço — e me avisaram para limpar aquela imundícia quando tivesse acabado!

É claro que essa era essencialmente uma prática de negócios ruim. Em virtude de eu estar fazendo pessimamente aquele trabalho, meu negócio sofreria inevitavelmente. No entanto, por mais desaconselhável que essa má qualidade de trabalho possa ser de uma perspectiva simplesmente comercial, a questão mais importante era o meu coração. Eu acreditava que não havia problema em fazer um trabalho medíocre. A qualidade do meu trabalho, de fato, não significava nada para mim. Ele era apenas um meio para alcançar um fim — uma maneira de ganhar dinheiro e servir aos meus próprios desejos e necessidades egoístas.

Conforme vimos no capítulo anterior, podemos nos identificar em demasia com o nosso trabalho e transformá-lo num ídolo. Mas o contrário também é verdade para muitos de nós

Indolência no Trabalho

— nós nos identificamos bem pouco com o nosso trabalho. Nós nos importamos bem *pouco* com ele e nos vemos sendo ociosos em nosso trabalho. Ociosidade literalmente significa *não trabalhar*, apenas ficar sentado à toa enquanto outros nos suprem. Todos nós sabemos que isso é ruim, portanto supomos que a pessoa que lê este livro não é tão inclinada a ser preguiçosa. Quando falamos sobre ser "indolente" em nosso trabalho, não estamos apenas falando de sentar por aí sem fazer nada, afinal.

Então, não pense que você está fora de perigo! Existem formas sutis de indolência que são mais difíceis de reconhecer do que a simples inatividade. Essas expressões de indolência não têm nada a ver com a produtividade de nossas mãos, mas têm tudo a ver com as motivações e desejos do nosso coração.

O QUE É INDOLÊNCIA?

Uma das formas mais sutis — e talvez a mais perigosa — de indolência em nosso trabalho é a nossa falha em reconhecer os propósitos de Deus para nós no local de trabalho. Podemos ser ativos no trabalho, mas concluímos que o nosso trabalho simplesmente não é importante. Podemos acreditar que o nosso valor como cristãos se restringe àquilo que fazemos na igreja, e que o trabalho que fazemos é só um mal necessário, no qual perseveramos a fim de ganhar o dinheiro do dízimo e sustentar as missões da igreja. Ou podemos achar que se não somos apaixonados pelo emprego que Deus nos deu, é porque ele não é o nosso verdadeiro chamado. E não há problema em ser relaxado.

"Vou dar o meu melhor", dizemos, "quando eu estiver fazendo aquilo que for minha paixão". A indolência pode também tomar a forma de um *"relaxivismo"* — as medidas que uma pessoa toma para fazer apenas o suficiente para sobreviver mais um dia. Alguns adotam a filosofia do "trabalhar para viver", vendo o seu trabalho só como uma intromissão necessária à vida real. Ou podemos passar pelo caso recorrente do "odeio segundas-feiras", aquela sensação de que a nossa vida real chega ao fim quando é hora de voltar para o trabalho novamente.

Você entende a questão? Ser indolente não significa necessariamente inatividade — uma falta de produtividade. Pode ser uma inatividade do coração, uma incapacidade ou má vontade para perceber ou aceitar os propósitos de Deus para o trabalho que ele nos deu. Pode ser um coração que não compreende como Deus está usando o nosso trabalho para nos moldar, um coração que nega sua responsabilidade cristã de servir "como ao Senhor" (Efésios 6.7). Quando esse tipo de pensamento é assimilado pela nossa mente, os resultados são devastadores. Desalento, falta de alegria, reclamações, descontentamento, preguiça, passividade, querer agradar às pessoas, pagar com a mesma moeda, buscar o caminho mais fácil, segundas-feiras tenebrosas — esses são os frutos de sermos indolentes em nosso trabalho.

A INDOLÊNCIA NA BÍBLIA

Ao escrever aos crentes de Tessalônica, Paulo ensina, de forma clara e inequívoca, que a forma mais dramática de indolência

— a inatividade — jamais deve ser uma marca dos cristãos. "Se alguém não quer trabalhar", escreve ele, "também não coma" (2 Tessalonicenses 3.10). Essa é uma verdade restauradora e um bom lembrete para todos nós.

Mas conforme temos sugerido, a Bíblia nos adverte contra algo mais do que apenas "não fazer nada". Ela também nos adverte contra o pecado de apenas "fazer algo". Uma das passagens mais úteis para pensarmos nisso (e uma à qual voltaremos vez após vez neste livro) é Colossenses 3.22-24:

> Servos, obedecei em tudo ao vosso senhor segundo a carne, não servindo apenas sob vigilância, visando tão somente agradar homens, mas em singeleza de coração, temendo ao Senhor. Tudo quanto fizerdes, fazei-o de todo o coração, como para o Senhor e não para homens, cientes de que recebereis do Senhor a recompensa da herança. A Cristo, o Senhor, é que estais servindo.

Você percebe o que Paulo está dizendo nesse texto? Ele começa com uma advertência contra o fato de não fazermos nada. Se você for um escravo, então obedeça aos seus senhores em tudo. *Apenas faça*, ele lhes diz. Mas ele dá um passo além. "Apenas fazer" também não é suficiente. Na posição de escravos, eles deveriam trabalhar e servir "em singeleza de coração, temendo ao Senhor". Eles deveriam fazer o seu trabalho de todo o coração, "como para o Senhor e não para homens", e eles deveriam fazê-lo reconhecendo que eles estavam, enfim, servindo ao Senhor Jesus Cristo!

Falaremos um pouco mais sobre toda a ideia de escravidão na Bíblia um pouco mais adiante, mas por hora, precisamos perceber que, nesse texto, Paulo está fazendo um ataque frontal e completo contra a perspectiva da indolência em nosso trabalho. Seu alvo não é apenas a inatividade. Ele destaca que aqueles que trabalham para os outros devem não só evitar não fazer *nada*, mas devem fazer *tudo* quanto fazem com um coração cheio do entendimento de que Deus se preocupa profundamente com tudo o que fazemos; de que fazemos o nosso trabalho como um ato de adoração a ele; e de que o serviço que prestamos é, enfim, para ele e não para qualquer pessoa. Paulo quer que os crentes percebam que seu trabalho é importante, que ele é, de fato, a arena pública na qual Deus glorifica a si mesmo e ao mesmo tempo nos torna mais semelhantes a Jesus. Você é indolente em seu trabalho? Como saber se você se permitiu ser indolente em seu trabalho? Quais são os sinais de advertência de que você não está compreendendo os propósitos de Deus para a sua vida em seu emprego? Eis algumas maneiras comuns pelas quais as pessoas permitem que o modo de pensar indolente penetre furtivamente em seu trabalho. Veja se alguma delas descreve você.

1. O seu trabalho é simplesmente um meio para alcançar um fim, um lugar para servir suas próprias necessidades. Às vezes, esse tipo de pensamento é bem visível e óbvio. Algumas pessoas dizem: "Eu trabalho, então posso me divertir. Estou no trabalho pelo dinheiro e pelas coisas que o dinheiro pode comprar". Ou isso pode adquirir um aspecto de espiritualidade. "Eu trabalho", você poderia dizer, "então, posso ser livre para servir a minha igreja e posso dar dinheiro a ela". De qualquer maneira, fica bem claro que uma pessoa que pensa assim não se importa muito com seu trabalho afinal. Ela só se importa com as outras coisas que seu trabalho lhe permite fazer.

O que há de errado com essa linha de pensamento? Ela ignora o fato de que Deus tem propósitos para nós no nosso trabalho em si. O nosso trabalho é mais do que apenas um meio para alcançar um fim — quer esse fim seja a satisfação egoísta ou o serviço na igreja. O nosso trabalho é mais do que apenas um lugar onde "nos fadigamos". Embora seja humilde, embora chato, embora não vá ao encontro de nossos interesses; o nosso trabalho é uma das maneiras-chave pela qual Deus nos amadurece como crentes e glorifica a si mesmo. Deus tem um propósito para o nosso trabalho.

2. O seu trabalho o deixa totalmente frustrado. O trabalho sempre trará com ele algum grau de frustração, é por isso que ele não é digno da nossa adoração. Entretanto, às vezes, vamos muito além com nossas frustrações e ficamos cegos para os alvos que Deus tem para nós em nosso trabalho. Deixamos que nossas frustrações nos controlem e infectem o nosso coração com amargura e raiva. Para aqueles que reconhecem que a satisfação e o propósito vêm como um dom de Deus, as frustrações que experimentamos no trabalho não devem nos levar ao desencorajamento. Elas devem apenas nos lembrar de que o nosso trabalho não é supremo, e que não devemos fazer do trabalho um ídolo ou confiar nele para ter a satisfação absoluta. Nossas frustrações voltam os nossos olhos novamente para Deus, aumentando a nossa dependência dele e nos fazendo lembrar que a nossa responsabilidade é fazer o nosso trabalho como um serviço a Deus e um ato de adoração a ele.

3. O seu trabalho se torna dissociado de seu discipulado cristão. Muitos cristãos pensam em seu trabalho como algo que eles têm de fazer das nove às cinco, de segunda a sexta; assim eles podem fazer o seu verdadeiro trabalho de serem cristãos à noite e nos finais de semana. Se isso descreve você, leia Colossenses 3 de novo. O nosso trabalho não é algo que fazemos em adição ao nosso crescimento como seguidores de Cristo. O nosso trabalho, aqui e agora, é uma expressão da nossa fé cristã. Tudo o que fazemos é um ato de adoração a Deus e uma ação de seguir a Jesus, quer seja em casa, no trabalho ou na igreja. Quando preparamos a lição da escola dominical, estamos servindo a Deus e seguindo a Jesus. Quando participamos da equipe de liderança da igreja, estamos servindo a Deus e seguindo a Jesus. Quando lideramos um pequeno grupo ou participamos de um projeto no culto, estamos servindo a Deus e seguindo a Jesus. Tudo isso é verdade! Mas isso também é verdade quando escrevemos um memorando para o nosso chefe; nós também estamos adorando a Deus e seguindo a Jesus. Quando estamos falando ao telefone com um cliente, estamos adorando a Deus e seguindo a Jesus. Quando estamos fazendo um pedido ou apertando um rebite, estamos adorando a Deus e seguindo a Jesus. Todas essas coisas são adoração, e todas são discipulado. "Tudo quanto fizerdes", escreve Paulo, "fazei-o de todo o coração". Por quê? Porque trabalhamos para o Rei. Porque é Cristo, o Senhor, a quem estamos servindo.

POR QUE A INDOLÊNCIA NÃO É UMA OPÇÃO?

Observe esse rapaz:

É óbvio que alguém andou se divertindo um pouco com o Photoshop aqui. Mas pense nessa foto por um segundo. Se você visse esse rapaz andando pela rua, duvido que seu primeiro pensamento fosse: "Puxa, esse cara realmente está em boa forma". E provavelmente não seria: "Uau, estou realmente impressionado com seu lado direito. Parabéns!". Não, sua reação seria mais parecida com: "Puxa! Alguma coisa deu errada aí!".

No entanto, cometemos o mesmo erro quando nos permitimos pensar em nosso trabalho como um simples meio para alcançar um fim. Ao ignorarmos os propósitos de Deus para o nosso trabalho e pensar nele como "só um emprego", temos que nos "fadigar", a fim de chegar ao que é realmente importante. Estamos fazendo o equivalente espiritual a fazer uma série rápida de cinco exercícios rosca unilateral para o nosso braço esquerdo, de modo que possamos fazer a tarefa que é realmente importante: malhar o nosso braço direito. Acabamos com um terrível desequilíbrio em nossa vida espiritual — um discipulado robusto com a nossa família e igreja, mas um discipulado fraco e raquítico em nossa vida profissional.

Os crentes não podem ficar contentes com esse tipo de desequilíbrio espiritual. Conforme temos visto, a Bíblia nos chama para sermos discípulos de Jesus e adoradores de Deus em todas as áreas de nossa vida. Em tudo quando fizermos, devemos trabalhar como aqueles que estão trabalhando para Jesus. Não se engane com o pensamento de que Deus não se importa com o seu trabalho.

Acreditar que Deus não se importa com o nosso trabalho pode nos levar à desobediência e ao pecado. Os crentes geralmente se veem fazendo coisas no trabalho que eles jamais fariam em nenhum outro lugar — tratando as pessoas com desdém, perdendo o controle, roubando tempo ou produtos, buscando o caminho mais fácil ou deturpando o certo e o errado. Quando decidimos que o nosso trabalho não importa realmente para Deus, somos menos cuidadosos em manter Deus diante de nossa mente quando lidamos com os outros. Não pensamos mais em perguntar a nós mesmos: "O que agradaria a Deus nesta situação e circunstância específica?". Nós nos vemos sem nem mesmo perceber isso, fazendo o nosso trabalho sem pensar em Jesus, afinal.

Como o nosso trabalho mudaria se começássemos a abordá-lo como uma arena para a glória de Deus e para o nosso próprio crescimento e discipulado? Isso mudaria tudo. Nossas interações com clientes, patrões e empregados se tornariam oportunidades para demonstrar o amor e a bondade de Deus para eles. Aquele memorando que temos de escrever agora se torna uma oportunidade de servir em nome do Rei. Cada situação que nos levaria normalmente à irritação e frustração — prazos perdidos, tensão nos relacionamentos com os colegas de trabalho — agora se torna uma oportunidade para parar, orar e pensar: "Tudo bem, então, Deus trouxe essa situação para a minha vida. O que ele quer que eu aprenda com isto? O que eu já aprendi que ele quer que eu aplique nesta situação? Como isto fortalecerá minha fé e trará glória a ele?". Fazer essas perguntas — e depois agir à luz das mesmas — é exatamente o que significa combater a indolência no trabalho e "servir de boa vontade, como ao Senhor" (Efésios 6.7).

QUAL É O CONSERTO PARA A INDOLÊNCIA NO TRABALHO?

Eis a conclusão final: o nosso trabalho é importante para Deus. Ele nos criou para trabalhar, e embora o pecado de Adão tenha garantido que o nosso trabalho seja misturado com frustração, Deus ainda assim planeja usar o nosso trabalho para trazer glórias a ele e para fazer o bem em nossa vida e através dela. Isso significa que não temos a opção de ser indolentes em nosso trabalho. Se formos culpados de indolência em nosso trabalho, de novo, a solução é nos arrependermos — rejeitar as formas errôneas de pensamento, reconhecer a indolência no trabalho da forma como ela é (pecado) e nos comprometermos novamente com os propósitos de Deus para o nosso trabalho.

1. Leia e reflita: 2 Tessalonicenses 3.6-15; Colossenses 3.22-24.
2. Pense a respeito de sua profissão atual. Você está mais propenso a ser indolente ou a transformar o seu trabalho num ídolo?
3. Como a forma que você aborda o seu trabalho mudaria se você acreditasse verdadeiramente, a cada dia, que Deus tem os propósitos dele para você em seu trabalho?
4. A indolência pode ser uma resposta pecaminosa às nossas experiências de futilidade e frustrações em nosso trabalho. Pense numa situação em que você reagiu a esse sentimento sendo preguiçoso ou rancoroso em seu trabalho. O que você pode fazer especificamente diferente da próxima vez para honrar a Deus?

5. Pelo que sabemos, Jesus era provavelmente carpinteiro, Pedro era pescador, e Paulo fazia tendas. Cada um deles estava familiarizado com a fadiga do trabalho manual. É difícil imaginá-los sendo preguiçosos em sua obra de carpintaria, de pesca ou de fazer tendas. Quais as maneiras que você pode pensar, falar e se importar tão pouco com as simples responsabilidades que Deus lhe deu?

6. Gênesis ensina que Deus é um trabalhador. Ele criou, organizou e designou tudo. Faça uma lista de quatro ou cinco implicações para sua vida com base nessa verdade.

Capítulo Três

O Evangelho no Trabalho

Temos visto que não devemos fazer *do* trabalho um ídolo e que não devemos nos permitir ser indolentes *em* nosso trabalho. Como então *devemos* pensar acerca do nosso trabalho? Como o nosso emprego se enquadra nas áreas restantes de nossa vida como seguidores de Cristo? Como a nossa fé cristã altera e afeta o modo como fazemos o nosso trabalho e a forma de pensarmos sobre ele? Num mundo onde a maioria das pessoas pensa em seu trabalho como um mal necessário ou como a fonte de sua identidade e satisfação, qual é a única coisa que dá significado e propósito ao nosso trabalho como cristãos?

Comece fazendo essas perguntas para si mesmo: Que diferença o fato de eu ser um cristão faz em meu local de trabalho? Isso me torna uma pessoa com uma moral mais elevada? Eu tenho integridade? Sou menos competitivo do que os outros? Tenho sempre um sorriso no rosto? Será que eu ando mais uma milha por causa de um colega de trabalho e fico até mais tarde para ajudar num projeto?

Tudo isso é formidável! Mas será que é só isso? Será que nossa fé cristã só opera, em si, em nosso trabalho dessas maneiras? Ou um cristão que trabalha deve ser algo além disso? Ser cristão significa que a nossa vida foi mudada e transformada pelo evangelho de Jesus Cristo. Deus nos amou e enviou seu Filho Jesus para ser o nosso substituto, vivendo e morrendo na cruz em nosso lugar, por causa do nosso pecado. Ele ressuscitou, rompendo o poder da morte, e ao nos arrependermos e confiarmos nele, fomos salvos. Ser um cristão no local de trabalho significa que a verdade do evangelho deve agir em cada detalhe de nossa vida, inclusive em nosso trabalho. Como crentes, queremos ver o mundo todo na luz do evangelho. Queremos experimentar como a verdade maravilhosa dessa boa nova clareará e iluminará todas as coisas — até mesmo os cantos resplandecentes de nosso dia de trabalho!

Esperamos que os dois primeiros capítulos o tenham ajudado a começar a avaliar seu coração e a examinar de forma mais cuidadosa suas motivações para trabalhar. Temos pedido para que você pense se você é mais propenso a fazer do seu trabalho um ídolo ou a ser indolente no emprego. Temos pedido para que você considere por que essas suas abordagens em relação ao trabalho são nada menos que desastrosas. É lógico, cada um de nós é culpado de cair nessas armadilhas de vez em quando, e às vezes caímos nas duas — e até ao mesmo tempo! Portanto, isso não é suficiente para diagnosticar o problema. Temos também que gastar um tempo pensando sobre as formas específicas pelas quais as boas novas de Jesus nos confrontam e derrotam a idolatria e a indolência em nosso coração.

A OBRA DE JESUS MUDA TUDO — INCLUSIVE O NOSSO PRÓPRIO TRABALHO

A chave para enfrentar e derrotar a idolatria e a indolência é compreender como o evangelho de Jesus corta essas duas mentiras pela raiz. A Bíblia nos diz que somos pecadores. Somos rebeldes contra Deus e "escravos do pecado". De fato, a Bíblia nos ensina que somos pecadores que possuem uma dívida imensa para com Deus, no entanto, em vez de pagarmos essa dívida, continuamos fazendo horas-extras contra ele! Em vez de trabalharmos para sair da dívida, o nosso salário na verdade nos mergulha de modo ainda mais profundo nela. O evangelho é a boa nova para escravos amarrados ao pecado, que possuem uma dívida que jamais poderão pagar. A boa notícia é que Deus enviou seu Filho, Jesus Cristo, para tomar para si a dívida que tínhamos com Deus. Representando-nos como o nosso substituto, em nosso lugar, Jesus viveu a vida que falhamos em viver e morreu a morte que merecíamos morrer. Ele ressuscitou dentre os mortos, vitorioso sobre a morte, o pecado e o sepulcro.

Como a obra feita por Jesus transforma a nossa vida? O evangelho é o anúncio de que Deus está pronto e disposto a considerar os nossos pecados contra Jesus e a nos dar graciosamente o prestígio, a identidade e a posição de seu Filho,

Jesus. Ao rejeitar os nossos pecados e confiar em Jesus para nos salvar, passamos a ficar unidos a ele. A nossa dívida é completamente paga por sua morte em nosso lugar, e todas as recompensas que ele conquistou por meio de sua própria vida de obediência são graciosa e amorosamente dadas a nós!

Talvez você esteja lendo esse livro neste exato momento e não seja um cristão. Se isso for verdade, você deve tirar algum tempo para pensar a respeito daquilo que acabamos de afirmar nos últimos dois parágrafos. Sem brincadeira — essa é a mensagem mais importante que você já ouviu! Peça que um amigo cristão lhe explique mais sobre isso ou adquira outro livro que explique as boas novas de Jesus com mais detalhes (conhecemos um ou dois que podemos recomendar!). Você não pode simplesmente ignorar isso. O evangelho de Jesus é uma verdade que transforma a vida.

Se você for um cristão, queremos desafiá-lo a começar a ligar a realidade daquilo que Deus fez por você, em Cristo, ao seu trabalho, pensando cuidadosamente acerca de como isso se aplica ao seu trabalho e muda sua forma de pensar sobre ele. Você percebe como o evangelho corta a raiz da idolatria *e* da indolência, substituindo nossas motivações para que não trabalhemos dessas duas formas?

Em primeiro lugar, consideremos a idolatria. A obra de Jesus por nós, em nosso lugar e em nosso favor, tem garantido, de modo real e verdadeiro, a salvação dos nossos pecados e a vida eterna para nós — a única vida que pode proporcionar satisfação profunda e duradoura para as nossas almas. E mais, Deus nos oferece esse dom sem nenhum custo! Não é algo que podemos merecer ou trabalhar para conquistar. Isso significa que o nosso trabalho jamais poderá nos dar aquilo que desejamos verdadeiramente. Somente Jesus pode. Por meio de sua vida, morte e ressurreição, ele já conquistou para nós a alegria mais sublime, o significado mais sublime, o sentido mais sublime e o prêmio mais sublime de todos. Quando acreditamos que o nosso trabalho pode nos oferecer isso, esquecemos do evangelho e cremos numa mentira.

A verdade do evangelho também corta a raiz da indolência. Se for verdade que a nossa vida agora pertence a Jesus, então todas as coisas em nossa vida possuem um significado novo — inclusive o nosso trabalho. Não somos livres para "ser desleixados" em nada! O teólogo holandês Abraham Kuyper declarou: "Não existe um único centímetro quadrado em toda a criação a respeito do qual Jesus Cristo não exclame: 'Isso é meu! Isso pertence a mim'"! Isso é verdade e inclui nossa vida, bem como o nosso trabalho, porque não existe também nenhum minuto extra que Jesus Cristo não reivindique como sendo seu. Isso significa que a indolência não é uma opção para aqueles que creem no evangelho.

Essas são as verdades centrais, mas vale a pena desenvolver isso de forma mais detalhada. Uma vez que nos tornamos cristãos e começamos a trabalhar para Jesus, tudo muda. Como, exatamente, o evangelho muda a nossa perspectiva no trabalho?

O Evangelho no Trabalho

Nós Trabalhamos para um Novo Senhor

Se confiamos na vida e morte de Jesus Cristo em nosso lugar — se entregamos nossa vida a ele pela fé — então trabalhamos para um novo mestre em tudo o que fazemos. "Uma vez libertados do pecado, fostes feitos servos da justiça" (Romanos 6.17-18). Antes, inimigos de Deus, agora fomos feitos filhos de Deus e coerdeiros com Cristo (Romanos 8.16-17; Gálatas 3.26-29). Antes, buscávamos as paixões da carne e o louvor das outras pessoas, agora, trabalhamos para o Rei. É a Cristo Jesus que estamos servindo.

Temos uma Nova Obrigação

Existe a probabilidade de nosso trabalho colocar uma quantidade imensa de obrigações e tarefas sobre nós. Algumas delas serão postas pelo nosso chefe, outras, pelos nossos colegas de trabalho, e ainda outras, por nós mesmos. Há clientes para responder, telefonemas a fazer, viagens, pedidos para organizar, projetos para terminar, contas para fechar, almoços para ir e milhares de coisinhas entre essas. Como dar sentido a tudo isso? Existe algo que organize tudo e mantenha todas coisas em perspectiva?

A resposta é: sim. Se somos seguidores de Cristo, confiamos em Jesus para reordenar nossas tarefas e obrigações, e ele é muito claro a respeito do que é mais importante. Em Mateus 22, alguém perguntou a Jesus qual dos maiores grupos de mandamentos era o mais importante. Sua resposta é maravilhosamente inconfundível: "'Amarás o Senhor, teu

Deus, de todo o teu coração, de toda a tua alma e de todo o teu entendimento'. Este é o grande e primeiro mandamento. O segundo, semelhante a este, é: 'Amarás o teu próximo como a ti mesmo'".

Quando nos tornamos cristãos, nossa tarefa primordial, essencial, que dirige a nossa vida, torna-se tão clara quanto o cristal: Devemos amar a Deus e amar aos outros. Essa tarefa prevalece sobre todas as outras. Não importa o que fazemos para viver, estamos trabalhando por algo diferente do que aquilo pelo qual os descrentes ao nosso redor trabalham. Sim, o dinheiro é importante. Sim, o avanço em nossa carreira pode ser bom. Sim, nós queremos ajudar o nosso chefe e fazer um bom trabalho. Mas, no final, estamos em nosso trabalho para aprender a amar melhor a Deus e as outras pessoas. Essa é a nossa nova obrigação.

Temos uma Nova Confiança

Muitos dos problemas que enfrentamos no local de trabalho se resumem a questões de autoestima e confiança. Trabalhamos como escravos em nosso emprego, desesperados para superar nossos colegas, porque é assim que nos sentimos bem — pessoas de valor. Ficamos extremamente sensíveis às críticas e totalmente diminuídos quando recebemos uma avaliação negativa, pois a nossa autoestima está completamente entrelaçada ao nosso trabalho.

É importante observar o que não estamos dizendo aqui. Não estamos dizendo que o evangelho nos dá uma nova *au-*

toestima. Em vez disso, ele nos dá uma nova *confiança*. A questão principal do evangelho não é o quão grandiosos *nós* somos; mas o quão grandioso *Jesus* é, e com que profundidade nos beneficiamos da grandiosidade *dele*. Saber que somos amados por Deus, apesar de sermos nós mesmos, acaba sendo a verdadeira resposta para todas as coisas que achamos que alcançaremos necessariamente através da autoestima. Podemos pensar que precisamos da autoestima (sentir-nos como pessoas dignas e de valor) para nos sentir aceitáveis. Mas a verdade é que somos aceitos, não porque somos pessoas dignas e de valor, mas por causa do que Jesus fez por nós como pecadores perdidos. *Pensamos* que precisamos de autoestima, e o *mundo* acha que precisamos ter uma opinião elevada a respeito de nós mesmos. Mas o que de fato precisamos é compreender que tudo aquilo que pensávamos que a autoestima poderia oferecer encontra-se, na verdade, em Cristo e em seu amor por nós. Como crentes, não precisamos valorizar mais a nós mesmos. Temos uma nova confiança, sabendo que Cristo nos ama — e isso muda tudo.

Temos Novas Recompensas

Pelo que trabalhamos? Dinheiro, poder, reputação e conforto? Por um prédio de escola com o nosso nome? Por uma empresa que continuará depois que tivermos partido? Por uma casa na praia? Para ajudar muitas pessoas? Para usar os nossos talentos? As recompensas que Jesus oferece são muito superiores a qualquer coisa que o mundo ofereça. E elas duram para sempre!

Considere o que Paulo escreve para os escravos em Colossenses 3. Por que ele lhes diz para trabalharem com singeleza de coração, como se estivessem trabalhando para o Senhor e não para homens? Porque eles sabiam que "receberiam do Senhor a recompensa da herança" (Colossenses 3.24)! Se isso for verdade (e é), então nenhuma casa de férias pode competir com essa recompensa. Não há recompensa maior no universo do que aquilo que Jesus dá àqueles que trabalham para ele.

Uma vez que aceitemos essa verdade e creiamos nela, ela começará a mudar a forma como abordamos o nosso trabalho. Nós não mais confiaremos em nosso trabalho para nos oferecer as recompensas absolutas, porque saberemos que recompensas superiores, que jamais poderíamos alcançar, estão garantidas para nós em Jesus. Nós somos livres, não para fazer do nosso trabalho um ídolo, mas para fazermos dele uma arena para amar a Deus e aos outros. Estamos livres da armadilha da indolência, de ficar frustrados e amargurados com as dificuldades ou com o enfado que o nosso trabalho produz. Nossa felicidade está garantida em outro lugar; não temos que ficar desanimados porque o nosso trabalho não está nos proporcionando isso. Em vez disso, podemos abordar o nosso trabalho — mesmo que não gostemos dele — como uma oportunidade para amar mais a Deus e para glorificá-lo.

Saber que trabalhamos para o Rei Jesus, e não para outras pessoas, muda a maneira como abordamos o nosso trabalho. Temos um novo senhor, uma nova obrigação, uma nova confiança e novas recompensas — tudo por causa de Jesus. Essas coisas não são apenas uma lista com vários lembretes para tirarmos de nossa carteira mental aqui e ali. Mas toda uma nova forma de pensar. E essa nova forma de pensar leva a uma nova liberdade no local de trabalho.

EXPERIMENTANDO A LIBERDADE EM NOSSO TRABALHO DIÁRIO

Ter essa perspectiva eterna a respeito do nosso trabalho nos liberta tanto da idolatria quanto da indolência em nosso trabalho. Ela nos liberta de pensar que o trabalho pode oferecer tudo o que desejamos. E nos liberta de pensar que o nosso trabalho não importa para Deus.

Como essa liberdade acontece em nosso trabalho diário? Significa que podemos reagir às circunstâncias e situações de modo diferente, porque a nossa identidade e recompensa supremas já foram garantidas por Jesus. Essa é uma âncora impressionante para a nossa alma. Sem ela, seria inevitável sermos levados ao redor, como uma folha, pelos ventos das oscilações do mercado de ações, do sucesso e fracasso temporários, dos relatórios de desempenho, dos chefes que nos tratam bem ou não, e dos nossos próprios desejos, fossem eles satisfeitos ou não. Quando estamos seguros da nossa nova identidade em Cristo, aceitamos a nova obrigação que ele nos dá, ficamos livres para permanecer firmes em meio a todos os altos e baixos repulsivos da nossa vida no trabalho. Nós ancoramos nossa alma em algo que é verdadeiramente imóvel. E é por isso que a pessoa para quem trabalhamos é mais importante do que aquilo que fazemos.

Olhemos para algumas das maneiras pelas quais a nossa identidade como pessoas salvas e amadas por Jesus produz liberdade no local de trabalho.

1. Trabalhar para Jesus nos dá liberdade para adorar a Deus por meio do nosso trabalho. A adoração é a nossa resposta a quem Deus é e ao que ele tem feito. Quando vemos Deus da maneira certa, queremos agradá-lo. E uma das maneiras de fazermos isso é por meio do nosso trabalho.

Como se dá a adoração no local de trabalho? Será que isso significa cantar louvores silenciosamente para nós mesmos no trabalho? Bem, com certeza não há nada de errado nisso! Mas a adoração bíblica é mais do que apenas cantar. Adorar é dar a Deus a honra que ele merece. Significa obedecer a Deus em todas as tarefas que realizamos, sabendo que quando fazemos essa tarefa com todo o nosso coração, estamos agradando a Deus. Significa que nossas atitudes e alvos não estão mais ligados a nós mesmos e às nossas circunstâncias. O alvo da nossa vida não é o quanto de dinheiro, poder, fama ou conforto podemos acumular. Antes, o nosso desejo é agradar a Deus e supervalorizá-lo.

Além disso, adorar a Deus no local de trabalho significa estar aprendendo sobre ele, observando sua obra e desfrutando sua presença em nosso trabalho. Quando percebemos a criatividade, nós nos regozijamos nela como sendo um reflexo do Grandioso Criador do universo! Quando o nosso chefe desempenha uma boa liderança, nós nos alegramos nisso como sendo um dom bondoso de Deus. Quando o nosso chefe não desempenha uma boa liderança, nós nos alegramos porque o Rei do universo é superior a ele! Quando vemos a justiça prevalecer, quando ajudamos um cliente a conseguir o melhor preço no melhor produto para as suas necessidades, nós nos alegramos nessas coisas como sendo um belo reflexo da bondade de Deus. Quando temos uma perspectiva eterna, estamos livres para adorar a Deus em nosso trabalho.

2. Trabalhar para Jesus nos dá liberdade para servir aos outros de todo o coração. Você já percebeu o quanto é raro encontrar uma pessoa verdadeiramente altruísta no local de trabalho? A maioria das pessoas, até mesmo as melhores, é movida por uma agenda. É incrivelmente difícil encontrar alguém que apenas deseja fazer o bem aos outros. Como pessoas que estão trabalhando a fim de amarem a Deus e amarem aos outros, nós podemos ser essa pessoa. Nós *devemos* ser essa pessoa! Por quê? Porque tudo aquilo precisamos, de fato, já está garantido para nós por meio de Jesus. É bom sermos apreciados pelo nosso chefe e respeitados pelos nossos colegas. Mas todas as coisas as quais achamos que precisamos para ter essa apreciação e respeito — afirmação, amor, aceitação, um sentimento de bem-estar, recompensa futura — já são nossas em Jesus. Fomos libertos da ideia de ter a nossa identidade ligada ao que as pessoas pensam a nosso respeito. Somo livres para servi-las sem agenda.

Deus nos amou de modo inesperado e audacioso. E agora podemos estender esse mesmo amor aos outros. No trabalho, nós podemos amar os nossos colegas, funcionários e chefes, cuidando do bem deles e servindo-os, não para o nosso próprio benefício ou para nos estabelecermos com sucesso no futuro, mas simplesmente porque nós os amamos. Podemos mostrar que nos importamos com suas vidas e não apenas com seu desempenho. Podemos comprar um café para alguém e conversar ou nos oferecer para renunciar o nosso almoço e fazer um serviço para alguém. Podemos responder às pessoas de modo benevolente, assim como Cristo tem sido benevolente conosco. E podemos servir e amar os nossos colegas de trabalho de modo inesperado e audacioso, porque é assim que Jesus tem nos servido e amado.

3. Trabalhar para Jesus nos dá liberdade para confiar em Deus em nosso trabalho. O trabalho é uma fonte de preocupação e ansiedade. E não há meio de escaparmos disso. Muitas coisas podem dar muito errado, de muitas maneiras diferentes. A lei de Murphy governa a terra, e existem dias nos quais parece que essa é a única lei em ação em nossa vida. Como pessoas que trabalham basicamente para o Senhor, temos a liberdade de confiar em Deus, em vez de nos entregar às preocupações. Entretanto, não fazemos isso só porque Jesus é um grande planejador de carreiras. Não, nós confiamos nele em relação ao nosso futuro porque ele já o garantiu por toda a eternidade. Mesmo que as coisas fiquem arruinadas em nosso trabalho, temos defesas contra o esmagador poder da ansiedade. Podemos trabalhar com generosidade e confiar em Deus.

Pense sobre uma preocupação que você teve no trabalho recentemente. Se você for como nós, é provável que tenha muitas delas para escolher! Prazos para cumprir, sentir-se subjugado pelas expectativas, dificuldades com os colegas de trabalho ou com seu chefe — o local de trabalho pode ser uma fonte constante de preocupações e ansiedade. Agora, pense no que aconteceria a você se seus temores se tornassem realidade — se suas preocupações se mostrarem reais. Sua pressão sanguínea começaria a subir? Se isso acontecer, concentre-se em lembrar a verdade de que Deus está no controle de tudo. Mesmo que os seus piores temores se tornem realidade, é porque o Deus que o ama e está agindo para que todas as coisas cooperem para o seu bem *permitiu* que eles se tornassem realidade. Ele não é pego de surpresa pelas coisas com as quais você se preocupa; ele não fica chocado. Ele permitiu que essas coisas acontecessem por alguma razão, e a sua reação deve ser ter fé em Deus em meio a essas circunstâncias. Você pode escolher amar a ele e aos outros, estando certo do fato de que a sua recompensa já está garantida por Jesus.

4. Trabalhar para Jesus nos dá liberdade para descansar do nosso trabalho. Deus descansou após o sexto dia da criação. Deus concedeu descanso de seus inimigos aos israelitas na Terra Prometida. Jesus assentou-se à destra do Pai após sua obra na cruz. Nosso Criador é um Deus gracioso, que nos chama, não para o trabalho interminável, mas para um ritmo saudável de trabalho e para o descanso. O descanso regular é uma restrição natural que Deus estabeleceu em nossa vida. Ele é um dom que nos faz lembrar de que somos dependentes de Deus e nos permite desfrutar o fruto de nosso trabalho — mesmo quando o nosso trabalho nessa terra parece não ter fim!

Manter o descanso numa perspectiva adequada é difícil, não importa se a nossa tendência é ser indolente em nosso trabalho ou transformar o trabalho num ídolo. A indolência no trabalho nos leva a pensar que o descanso é a única coisa que realmente importa. "Eu trabalho, então posso me divertir", diz o lema. Esse lema ignora os propósitos de Deus para o nosso trabalho. Ele *não* é só um meio para chegar a um fim chamado descanso. Deus tem propósitos para nós em nosso trabalho em si. O descanso é apenas a recompensa que vem de um trabalho bem feito.

Quando idolatramos o trabalho, resistimos ao descanso. O descanso se torna uma necessidade irritante que nos impede de alcançar os nossos alvos, ele é um lembrete das nossas limitações. Ele é um quebra-molas na estrada do sucesso, um exílio forçado daquilo que, de fato, importa. Mas eis a questão: Deus conhece os nossos limites. Ele os designou. Podemos confiar nele quando ele diz que precisamos descansar. Alguém do passado, no início dos anos 1900, observou certa vez: "Os cemitérios estão cheios de pessoas sem as quais o mundo não poderia viver". Você acha que o mundo entrará em colapso ao seu redor se você descansar do seu trabalho? Sua vida entrará em colapso? Seus sonhos desvanecerão? Se você pensar assim, mesmo que por um segundo, então você precisa levar essa questão ao Deus que o criou e designou que você tivesse necessidade de descanso. Ele designou que você fosse assim para ensiná-lo a cada noite, enquanto você dorme, que as coisas mais importantes da vida, na verdade, não dependem de você e de seu trabalho.

Existem muitas maneiras de colocar em prática essa verdade acerca do descanso. Em primeiro lugar, estabeleça alguns limites naturais. Enquanto estiver no trabalho, seja concentrado, eficiente e intenso. Uma vez que você saia de lá, descanse de seu trabalho. Não verifique o seu e-mail do trabalho. Faça com que seu chefe saiba como o encontrar em casos de emergência, mas caso contrário, demonstre restrição. Você voltará ao trabalho assim que for necessário.

Em segundo lugar, comece e termine seus dias com orações de dependência e agradecimentos a Deus. Pela manhã, ore e peça a ele para lhe dar sabedoria para se concentrar no trabalho que ele tem para você. No fim da tarde, agradeça a Deus pelo trabalho que ele realizou através de você.

Em terceiro lugar, separe o domingo como um dia de adoração e descanso, mesmo que você sinta que tirar um dia inteiro de folga lhe custe lucro ou uma promoção. Talvez você tenha uma enorme responsabilidade em seu trabalho, mas você precisa reconhecer que, na verdade, é Deus quem faz com que o seu trabalho prospere — ou deixe de prosperar. Deus pode nos dar sucesso de maneiras surpreendentes quando demonstramos nossa fé nele — mesmo *sem* trabalharmos para isso!

5. Trabalhar para Jesus nos dá liberdade para fazer o nosso trabalho bem feito. Estudos demonstram que a correlação entre recompensa e desempenho no trabalho é consistente — até certo ponto. No final das contas, ganhar mais dinheiro simplesmente não leva a melhores resultados. Uma vez que você já tenha o bastante (seja o que for que "bastante" signifique para você), ganhar mais dinheiro não parecerá algo muito sedutor. A ameaça de ser despedido também não deveria mergulhá-lo no medo. Em outras palavras, nem a recompensa nem a punição produzirão os melhores resultados. Em algum momento, a motivação extrínseca deve ser substituída pela motivação intrínseca. Quando estamos fazendo o nosso trabalho para Jesus, somos libertos da fascinação insatisfatória pela recompensa e do golpe doloroso da punição. Ao fazermos o nosso trabalho para Jesus, temos a maior motivação intrínseca que poderíamos ter — o poder do nosso desejo de agradar a Deus por causa de tudo o que ele tem feito por nós.

No antigo Oriente Próximo, trabalhar para o rei era o mais alto chamado que alguém poderia ter: "Vês a um homem perito na sua obra? Perante reis será posto; não entre a plebe" (Provérbios 22.29). O trabalho especializado leva ao serviço majestoso. Assim como Daniel, Neemias, Ester e Mordecai, também trabalhamos para um Rei. Na verdade, trabalhamos para o Rei dos reis. Quanto mais, portanto, a nossa ética, atitude, energia, esforço e excelência devem ser condizentes com o serviço prestado a ele! Devemos fazer um bom trabalho simplesmente porque trabalhamos para o Rei.

6. Trabalhar para Jesus nos dá liberdade para termos alegria em nosso trabalho. "'Vaidade de vaidades', diz o Pregador; 'vaidade de vaidades, tudo é vaidade'. Que proveito tem o homem de todo o seu trabalho, com que se afadiga debaixo do sol"? (Eclesiastes 1.2). Trabalhar para qualquer pessoa, senão para Jesus, é desencorajador. Qual é o argumento aqui? Nós edificamos algo, mas o deixamos para outra pessoa que estragará tudo. Ganhamos uma reputação formidável, mas morremos, e ninguém mais se lembrará de nós. Economizamos para a aposentadoria, mas o mercado quebra, e perdemos as recompensas prometidas de um trabalho duro. Temos um trabalho invisível, terreno, que parece sem sentido quando olhamos as coisas de uma perspectiva mais ampla. Não é de admirar que o pregador de Eclesiastes entre em desespero!

A resposta para a transitoriedade da vida, entretanto, é simples: Viva a vida com temor àquele que não é transitório. A ressurreição de Jesus revela claramente porque viver a nossa vida para o Senhor transforma tudo. O nosso relacionamento com Jesus durará para sempre. Mesmo que ninguém note que estamos trabalhando duro, *ele nota*, e isso significa que o nosso trabalho para ele possui uma importância eterna.

O QUE NOS FAZ DIFERENTES?

Basicamente, a evidência do evangelho em nossa vida no trabalho não está tanto nas coisas que fazemos, mas na liberdade que desfrutamos no ambiente de nosso trabalho. Esteja certo, devemos trabalhar com ética. Devemos honrar os nossos superiores. Devemos ter satisfação num trabalho bem feito. Essas coisas são de se esperar. Mas a verdade é que elas não são exclusivamente cristãs. *Qualquer pessoa* que trabalha, não apenas os crentes, deve fazer essas coisas.

Como cristãos, no entanto, temos experimentado algo exclusivo — algo que aqueles que não conhecem a Jesus nunca experimentaram. Nós sabemos que não importa o quanto tentamos, nossas tentativas de agradar a Deus sempre falham. Sabemos que somos pecadores que não merecem qualquer bênção vinda de Deus. No entanto, apesar do desalento de nossa situação, nós ouvimos e cremos nas boas novas de que Deus nos perdoou! Nós não entendemos totalmente o porquê e dificilmente poderemos compreender o "como". Mas pela graça de Deus e por seu amor incomparável, sabemos que fomos perdoados por causa daquilo que Jesus, o Messias, fez por nós na cruz.

E essa realidade muda tudo, inclusive a forma como trabalhamos. Agora nós somos livres. Livres da necessidade de garantir a autoestima por meio do desempenho. Livres do medo de perder aquilo que é mais precioso para nós se as coisas não forem bem. Livres do estilo de vida doido de trabalhar, trabalhar, trabalhar sem nenhum descanso — como se o mundo dependesse dos nossos esforços. Livres para trabalharmos diante do Rei com alegria, mesmo que o trabalho não seja aquele que escolheríamos para nós mesmos. Livres para servir aos outros enquanto adoramos o Rei.

Isso, de fato, é verdade. Trabalhar para Jesus muda... *tudo.*

1. Leia e reflita: Romanos 6.18; Gálatas 3.26-29; Mateus 22.34-40; Provérbios 22.29; Eclesiastes 1.2-3.
2. A coisa mais importante em relação a você como trabalhador é que você conhece Jesus. Por quê?
3. De que maneiras você adorou a Deus por meio do seu trabalho neste mês que se passou? Pense em dois exemplos — um de como você aprendeu a apreciar mais a Deus e outro no qual você tenha crescido em obediência a Deus.
4. Como o fato de trabalhar para Jesus confronta a sua idolatria do trabalho? Como isso confronta sua indolência no trabalho?
5. Releia o Grande Mandamento de Mateus 22. Como esse mandamento de Jesus muda a sua forma de pensar a respeito de seus colegas e o seu relacionamento com eles?
6. Deus criou o dia sabático como um dia de descanso. O que isso diz acerca de como devemos enxergar o nosso trabalho?
7. Explique as ideias básicas do evangelho. Como essas verdades se aplicam ao seu trabalho?

Capítulo Quatro

Os Propósitos do Rei em Nosso Trabalho

O trabalho não é a fonte da satisfação absoluta, nem é um mal necessário. Pelo contrário, devemos abordar o nosso trabalho como se estivéssemos trabalhando para o Rei, e quando fazemos isso, experimentamos uma nova liberdade para trabalhar com alegria e diligência; nem idolatrando o nosso trabalho nem sendo indolente nele.

Contudo, resta uma pergunta: Em primeiro lugar, por que Deus quer que trabalhemos? Quais são os propósitos do Rei em nosso trabalho? O que a Bíblia diz que deve nos motivar a levantar de manhã e fazer o nosso trabalho bem feito?

Definir o propósito do trabalho pode ser complicado. Por exemplo, ganhar dinheiro é uma razão aceitável para trabalhar ou é errado fazermos o nosso trabalho apenas pelo salário? Compartilhar o evangelho com nossos colegas de trabalho é a nossa razão primordial para trabalhar; se for, o que devemos fazer quando a política da empresa proíbe isso? Cristãos diferentes darão diferentes respostas quando perguntamos o que os motiva a fazer o seu trabalho. Alguns dirão que eles vão para o trabalho para que possam dar dinheiro à igreja. Outros falarão acerca da esperança que têm de que o produto de seu trabalho — seja físico, intelectual ou social — tenha um impacto duradouro. Outros ainda são motivados pela oportunidade de interagir com os colegas de trabalho, construir relacionamentos com eles e compartilhar o evangelho com eles.

A Bíblia não nos dá um único propósito grandioso para nos motivar em nosso trabalho. Em vez disso, ela nos dá múltiplas razões e diferentes motivações para trabalhar. Olhemos para alguns desses propósitos a fim de percebermos como eles podem nos motivar a fazer o nosso trabalho com todo o nosso coração. Examinar esses argumentos talvez o ajude a responder a pergunta que todos nós temos vez por outra: "Por que eu devo levantar e ir para o trabalho hoje?".

MOTIVAÇÃO #1: TRABALHAR PARA AMAR A DEUS

Jesus disse que o maior dos mandamentos é "Amarás o Senhor, teu Deus, de todo o teu coração, de toda a tua alma e de todo o teu entendimento" (Mateus 22.37). Acima de qualquer outra coisa, devemos amar a Deus em nosso trabalho e por meio dele.

Essa é uma ideia revolucionária. É difícil imaginar uma motivação melhor para trabalhar bem e com diligência, não importa onde Deus nos tenha colocado para trabalhar neste momento. Pense em Efésios 6.5, 7 novamente: "Obedecei a vosso senhor segundo a carne", Paulo escreve, "com temor e tremor, na sinceridade do vosso coração, como a Cristo... servindo de boa vontade, como ao Senhor e não como a homens". O trabalho diligente, sincero e bem feito deve ser motivado pelo nosso amor por Jesus. Paulo nos diz que da mesma maneira como obedeceríamos a Cristo, "com temor e tremor, na sinceridade do nosso coração... de boa vontade", devemos também servir àqueles que nos empregam — "com temor e tremor, na sinceridade do nosso coração... de boa vontade".

O nosso amor a Deus deve nos motivar a trabalhar — não importando os detalhes daquilo que fazemos — "com todo o nosso coração". Se você é mãe, trabalhe nisso com todo o seu coração, como se estivesse trabalhando para o Senhor. Se você é um estudante, trabalhe nisso com todo o seu coração, como se estivesse trabalhando para o Senhor. Se você faz carros, fecha vendas, advoga ou medica, faça isso como se estivesse trabalhando para o próprio Senhor — porque você realmente está! Você ama a Deus, portanto, trabalhe com todo o seu coração!

MOTIVAÇÃO #2: TRABALHAR PARA AMAR AOS OUTROS

Se amar a Deus é o maior dos mandamentos, Jesus nos diz que bem ao lado desse mandamento está o amor pelos outros: "Amarás o teu próximo como a ti mesmo". Assim como o nosso amor por Deus deve nos motivar a fazer o nosso trabalho bem feito, também deve motivar o nosso amor por outras pessoas.

O Evangelho no Trabalho

Porque é assim? Na verdade, é simples. Deus decidiu ordenar o mundo de um modo que a nossa comida não apenas corra milagrosamente para dentro de nossa geladeira a cada dia; as roupas não nasçam em árvores, nem as nossas casas se construam sozinhas; o lixo que produzimos não desapareça simplesmente de forma mágica a cada noite; e a sociedade humana não permaneça organizada naturalmente. Todas essas coisas acontecem por meio do processo ao qual chamamos de "trabalho". E amamos as outras pessoas quando ajudamos a fazer com que todas essas coisas aconteçam.

Considere a sabedoria de Martinho Lutero nesse assunto: "Quando oramos o 'Pai Nosso', pedimos para que Deus nos dê o nosso pão diário hoje. E ele *de fato* nos dá o nosso pão diário. Ele faz isso por meio do fazendeiro que plantou e colheu o grão; do padeiro que transformou a farinha em pão; e da pessoa que preparou a nossa refeição".[1] Você percebe o que Lutero está dizendo aqui? Deus provê para as nossas necessidades por meio do trabalho que ele nos chama a fazer na sociedade e para o bem dela.

Ocasionalmente as pessoas desprezarão a ideia de que existe um propósito em estar trabalhando para sustentar a sociedade. Afinal de contas, a sociedade não é eterna, certo? Queremos que o nosso trabalho tenha uma importância *eterna*! Entretanto, devemos lembrar que os seres humanos foram criados. Somos criaturas feitas por um Criador. E visto que ele é o

---

1 Citado em Gene Edward Veith Jr, *God at Work: Your Christian Vocation in All of Life* (Deus no Trabalho: Sua Vocação Cristã para Toda a Vida), Wheaton, Ilinóis: Crossway, 2002, p. 13.

Os Propósitos do Rei em Nosso Trabalho

Criador, Deus é quem decide o que ele quer que façamos. Deus quer que nós, como seres humanos, façamos coisas que são especiais e exclusivas, por essa razão, ele criou algumas coisas para fazermos que são exclusivamente nossas. Por exemplo, Deus criou os anjos, ele os fez para estarem em sua presença, para adorá-lo e serem seus mensageiros. Eles foram designados para esses propósitos específicos. No entanto, Deus (pelo menos até onde sabemos) não deseja que eles edifiquem uma sociedade na terra, com coisas como mercearias para anjos e agências estatais angelicais reais. Evidentemente, não foi para isso que ele fez os anjos. Entretanto, Deus quer que os seres humanos façam essas coisas. Ele quer que nos organizemos em sociedades nas quais a ordem é mantida e onde são desenvolvidos sistemas para nos sustentar. Deus tem prazer em sociedades bem organizadas, e ele é glorificado quando fazemos a nossa parte para que isso aconteça. Quando entregamos o nosso tempo e capacidade para construir e melhorar uma sociedade, estamos fazendo aquilo que Deus planejou que fizéssemos ao nos criar como seres humanos, mesmo que as sociedades que criamos e mantemos não sejam eternas em si mesmas.

É fácil falar de forma geral — olhando para tudo isso da perspectiva do nível macro. Mas o amor aos outros não acontece normalmente nesse nível, mas sim no nível micro diário dos relacionamentos com pessoas individuais. Somos chamados para amar as pessoas específicas com quem convivemos todos os dias, e isso deve nos motivar a fazer o nosso trabalho bem feito. Se tivermos a tendência de relaxar no trabalho, talvez estejamos nos poupando de um pouco de estresse e criando algum tipo de facilidade em nossa vida, mas com certeza não estaremos amando mais ninguém. Na verdade, estaremos provavelmente criando mais trabalho para elas, porque elas terão que dar conta do *nosso* relaxo! Quando percebemos que trabalhamos para amar aos outros, isso nos motiva a trabalhar bem e arduamente, a encorajar as pessoas com quem trabalhamos e a nos esforçarmos não só pelo nosso próprio bem, mas pelo bem daqueles que estão ao nosso redor. Se trabalharmos somente para nós mesmos ou só para o nosso chefe, ou apenas para os nossos clientes, então estaremos perdendo aquilo que há de mais importante no nosso trabalho. Somos chamados para fazer o que fazemos por causa dos propósitos de Deus — de modo que possamos amar a ele e amar aos outros ao nosso redor.

MOTIVAÇÃO #3: TRABALHAR PARA REFLETIR O CARÁTER DE DEUS

Acredite ou não, parte do propósito e da motivação para o nosso trabalho é refletir o próprio caráter de Deus para o mundo ao nosso redor. Quando Deus criou os seres humanos, ele os criou à sua "imagem e... semelhança" (Gênesis 1.26). Em essência, essas expressões significam que os seres humanos possuem um trabalho dado por Deus para fazer no mundo. Eles deveriam se posicionar como representantes de Deus, governando o mundo como seus vice-regentes e comunicando ao universo: "É Deus quem governa!". À medida que fizessem isso, eles também refletiriam o caráter de Deus para o mundo.

De um modo ou de outro, nosso trabalho de alguma forma envolve a ação de extrair beleza da feiura e ordem do caos. Talvez, essas peças imperfeitas sejam reunidas para fazer uma coisa utilizada para criar um produto que as pessoas usem. Ou os recursos naturais sejam identificados, isolados e colhidos para criar algo novo. As enfermidades são tratadas, a injustiça é retificada, janelas quebradas são reparadas, calçadas rachadas são consertadas. Mesmo que o nosso trabalho seja operar uma bola de demolição, nós não estamos fazendo isso apenas para "ver o circo pegar fogo". Nós derrubamos prédios velhos com um propósito — para no final dar lugar a prédios novos!

Toda essa ação criativa em nosso trabalho reflete o caráter e a obra de Deus. Pense nisso. Antes de Deus ter criado o mundo, o universo era "sem forma e vazio" (Gênesis 1.2). Não havia nada lá! Tudo era um vácuo e um caos. Ao longo dos seis dias seguintes, Deus formou e encheu a terra, extraindo intencionalmente ordem e beleza do caos e do vácuo. Em vez das trevas, Deus criou a luz. Em vez de águas sem forma, Deus criou a terra e os mares. Em vez do nada ou da amorfia, Deus fez planetas, estrelas, pássaros, árvores, pinguins e pessoas. E no final de tudo, Deus olhou para a sua obra e viu que ela era boa — ou melhor, *muito* boa! Então não foi por acaso que quando Deus terminou sua obra e colocou Adão no jardim do Éden, ele o chamou para trabalhar também — para criar ordem e beleza no mundo. Isso é pelo menos uma parte daquilo que Deus pretendia quando disse a Adão para dominar a terra, trabalhar e cuidar do jardim (Gênesis 1.28; 2.15). Sim, Deus fez a obra divina de extrair beleza e ordem do vácuo. Agora ele está chamando Adão — seu pequeno portador de sua imagem — para levar a obra ainda mais além, criando ainda mais beleza e ordem. Tal Pai, tal filho!

Outra forma de refletirmos o caráter de Deus está em nosso exercício da autoridade. Como assim? A Bíblia nos diz que por ter criado todas as coisas, Deus é a autoridade suprema sobre tudo. Ao nos criar, Deus decidiu nos dar também uma medida de sua autoridade — não uma autonomia irrestrita, mas uma autoridade delegada, uma autoridade que age sob sua supervisão e permissão. Quando usamos essa autoridade com sabedoria e respeitamos a autoridade que Deus tem sobre nós, mostramos ao mundo ao nosso redor que a autoridade foi designada para ser algo bom. Essa é uma verdade que não é geralmente compreendida ou respeitada em nossa cultura contemporânea. A maioria das pessoas pensa na autoridade como uma coisa má ou, na melhor das hipóteses, como algo que toleramos para manter a ordem social.

O nosso trabalho nos dá a oportunidade de rejeitar essa mentira. A Bíblia nos ensina que ainda que a autoridade possa ser corrompida, ela é, de fato, uma coisa boa que age sob o controle soberano de Deus. Isso é verdade quer exerçamos a autoridade em nosso trabalho, quer atuemos sob a autoridade dos outros. Se exercermos autoridade sobre pessoas em nosso trabalho, então façamos isso de maneira responsável, cuidadosa, amorosa e humilde. A forma como exercemos a autoridade falará em voz alta aos nossos empregados, revelando não só a *nossa* própria autoridade, como também a maneira como nos submetemos à autoridade suprema de *Deus*. Do mesmo modo, devemos escolher viver sob as autoridades que Deus colocou sobre nós. Se somos empregados, respeitemos e honremos àqueles que possuem autoridade sobre nós. Não comuniquemos às pessoas ao nosso redor um espírito de rebeldia, um sentimento de que a autoridade é de alguma forma ilegítima ou um fardo, um mal necessário a ser tolerado. Façamos com que elas saibam, por meio das nossas ações, que consideramos a autoridade boa como uma bênção de Deus e que entendemos que toda autoridade provém dele. Dessa maneira, refletiremos o caráter de Deus, não só para os nossos colegas de trabalho, mas também àqueles que exercem autoridade sobre nós.

MOTIVAÇÃO #4: TRABALHAR PELO DINHEIRO
Não há qualquer razão para fazer rodeios sobre essa questão. Uma das principais razões pela qual trabalhamos é para que possamos prover para nós mesmos, para as nossas famílias, para aqueles que amamos e para os outros. Nós trabalhamos, então podemos comer. Paulo trata dessa motivação em 2 Tessalonicenses 3.10: "Se alguém não quer trabalhar, também não coma". Salomão escreve em Provérbios 12.11: "O que lavra a sua terra será farto de pão, mas o que corre atrás de coisas vãs é falto de senso". E Paulo escreve em Efésios 4.28: "Aquele que furtava não furte mais; antes, trabalhe, fazendo

com as próprias mãos o que é bom, para que tenha com que acudir ao necessitado".

Glorifica a Deus o fato de um cristão trabalhar arduamente para prover para a sua família e para ser uma bênção para os outros. Isso mostra aos outros que o nosso contentamento está fundamentado em Deus, não nas coisas deste mundo ou em nosso próprio progresso. Por essa razão, podemos ter satisfação e trabalhar com todo o nosso coração num emprego que simplesmente nos *supra*, mesmo que este não seja o trabalho pessoalmente mais gratificante que possamos imaginar ou o trabalho financeiramente mais lucrativo que exista. Prover para a nossa família, para abençoar os outros, para sustentar as obras da igreja — todas essas coisas são legítimas e são boas razões para trabalharmos. Isso resume muito daquilo que Paulo quer dizer quando afirma que os crentes devem "viver tranquilamente" (1 Tessalonicenses 4.11). Se Deus nos tiver chamado para fazer o nosso trabalho apenas para prover para as nossas próprias necessidades e as da nossa família, e para que tenhamos oportunidades de abençoar aos outros e sustentar as obras da igreja, então ele nos deu uma bênção valiosa e nos chamou para algo muito bom.

Essa motivação — trabalhar pelo dinheiro — às vezes é desagradável para as pessoas, principalmente para os crentes. Alguns crentes ficam descontentes em seu trabalho porque eles acham que estão simplesmente fazendo um trabalho inútil, se não estiverem apaixonados pelo que fazem. Eles murmuram e suspiram profundamente com cada salário, porque seu trabalho não é suficientemente "significativo" para eles. No entanto, essa atitude expressa o pensamento descontente e entranhado de que o significado e o propósito da vida devem vir principalmente de nosso trabalho. Devido ao fato de termos feito do nosso trabalho um ídolo, ansiamos por um trabalho que nos dê o significado e o propósito mais profundos pelos quais ansiamos. Por outro lado, esse descontentamento ao mesmo tempo nos encoraja a sermos indolentes em nosso trabalho, porque perdemos o interesse em fazer aquilo que Deus realmente nos chamou para fazer. Falhamos em perceber ou compreender os propósitos para os quais ele nos colocou em nossa situação atual. Lutamos tanto contra a idolatria quanto contra a indolência.

A nossa sensação absoluta de significado e propósito como crentes deve vir do fato de sabermos que tudo o que fazemos é para a glória de Jesus, o que, por sua vez, deve nos motivar a trabalhar com todo o nosso coração, onde quer que ele tenha nos colocado nesta época de nossas vidas. Alinhar o nosso trabalho com a nossa paixão é formidável. E com certeza, o crescimento pessoal na carreira é uma coisa boa, e é bom buscar a satisfação em nosso trabalho. Entretanto, nenhuma dessas coisas deve ser a razão primordial para o nosso trabalho. Nós trabalhamos para glorificar a Jesus, não importa o que façamos. A Bíblia não poderia ser mais clara acerca disso. E uma das maneiras de glorificarmos a Jesus é provendo para as nossas necessidades e, depois, tendo alguma sobra para prover para as necessidades dos outros. "O amor do dinheiro é raiz de todos os males" (1 Timóteo 6.10), mas o uso piedoso do dinheiro glorifica a Deus.

MOTIVAÇÃO #5: TRABALHAR PELO PRAZER

Em sua bondade, Deus ainda nos permite usufruir o fruto do nosso trabalho. Moisés escreve em Deuteronômio 8.18 que é Deus "o que te dá força para adquirires riquezas". Paulo escreve em 1 Timóteo 6.17 que Deus "tudo nos proporciona ricamente para nosso aprazimento", e Eclesiastes 5.18-19 ainda afirma: "Bela coisa é comer e beber e gozar cada um do bem de todo o seu trabalho com que se afadigou... e receber a sua porção, e gozar do seu trabalho, isto é dom de Deus".

Que forma realista e maravilhosa de olharmos para o nosso trabalho! É verdade, o nosso trabalho pode ser "fatigante", não há dúvida sobre isso! No entanto, ao mesmo tempo, Deus também usa graciosamente o nosso trabalho para nos trazer satisfação e prazer. Tenha em mente que isso é realmente uma demonstração espantosa e inesperada da graça de Deus. Pense nisso. O nosso trabalho é fatigante porque Deus o amaldiçoou, e ele fez isso por causa do nosso pecado contra ele! Isso significa que a fadiga e o suor do trabalho fazem parte da *maldição* de Deus contra nós — essa é a *punição* dele para a nossa rebelião contra ele. Todavia, em seu amor, Deus decidiu que nós podemos ter algum grau de satisfação e até mesmo prazer naquilo que foi amaldiçoado. Sim, nós nos afadigaremos e suaremos, e ficaremos frustrados em nosso trabalho. Mas quando encontramos um grau de satisfação e prazer naquilo que fazemos, devemos ser especialmente gratos!

Você já experimentou satisfação ou prazer em seu trabalho? Se não, talvez valha a pena pensar por que não. Você sente falta de prazer em seu trabalho porque você o idolatra, esperando que ele faça coisas por você que só Jesus pode fazer? Ou será porque você perdeu de vista os propósitos para os quais primeiramente Deus o chamou para trabalhar, e se tornou indolente em seu trabalho? Você não tem necessariamente que apreciar os *procedimentos* daquilo que você faz, a fim de encontrar algum grau de prazer e satisfação em seu trabalho. Talvez o seu trabalho seja limpar as poças de graxa numa fábrica de hidráulica, e você trabalha num depósito de metal, sem ar-condicionado, nos cruéis quase 44 graus de calor no leste do Texas. Dificilmente alguém poderia esperar ter prazer nos procedimentos dessa profissão em particular. Se isso descreve o seu trabalho, você pode ainda encontrar satisfação e prazer nele ao fazer o seu trabalho bem feito, sabendo que você o está realizando para o Rei da glória, como uma expressão de amor a ele.

Ter prazer e satisfação em nosso trabalho traz glórias a Deus. Por quê? Porque fazer isso revela que o nosso coração encontra seu descanso, alegria e satisfação basicamente nele, não importando quais circunstâncias em que ele tenha decidido nos colocar.

MOTIVAÇÃO #6: TRABALHAR PARA ADORNAR O EVANGELHO DE JESUS CRISTO

Veja Tito 2.9-10:

> Quanto aos servos, que sejam, em tudo, obedientes ao seu senhor, dando-lhe motivo de satisfação; não

sejam respondões, não furtem; pelo contrário, deem prova de toda a fidelidade, a fim de ornarem, em todas as coisas, a doutrina de Deus, nosso Salvador.

Nessa passagem, Paulo está instruindo os trabalhadores a trabalharem bem e a fazerem o seu trabalho com honestidade. Por quê? "A fim de ornarem, em todas as coisas, a doutrina de Deus, nosso Salvador". Quando trabalhamos de uma maneira que reflete a autoridade amorosa de Deus, sua criatividade, excelência e honra, nossa vida auxilia e apoia o evangelho que confessamos com nossos lábios.

O modo como vivemos jamais comunicará plenamente as boas novas de Jesus Cristo para alguém; devemos utilizar palavras para compartilhar um anúncio verbal daquilo que Deus tem feito na história e na pessoa de Jesus Cristo. No entanto, o modo como vivemos, *de fato,* comunica algo às pessoas. Ele pode tanto confirmar quanto arruinar aquilo que dizemos com os nossos lábios. As pessoas são muito boas em reconhecer aqueles que estão mais interessados em si mesmos do que em servir aos outros, aqueles que se preocupam mais com o fato de superarem os outros do que com o fato de amar e de cuidar das pessoas com quem trabalham. Se esse for o aroma que estamos deixando em nosso trabalho, então, estamos destruindo o nosso testemunho de Jesus bem antes de a mensagem do evangelho ter passado pelos nossos lábios. Seja um aroma de Cristo em seu local de trabalho. Adorne o evangelho, não o sabote!

TRABALHAR COM FÉ

Não importa o que façamos ou o quanto gostemos de nosso trabalho (ou não gostemos), a coisa mais importante é fazer o nosso trabalho com fé — fé em Deus e em seu plano para nós nesse mundo.

Se sua tendência for idolatrar o seu trabalho, então considere se sua fé em Deus está deficiente. Existe a probabilidade de você estar confiando mais em você mesmo e em suas próprias habilidades do que em Deus e nas promessas dele para você? Seria o caso de, bem lá no íntimo, você realmente acreditar que — o seu sucesso, sua satisfação e seu futuro — tudo depende de você? Se for assim, gostaríamos de lhe dar um pequeno encorajamento.

Eu (Seb) tenho lutado com isso durante quase toda minha vida adulta. Ao longo de experiências difíceis, estabeleci um lema de trabalho, um ditado que repito para mim mesmo para me ajudar em minha luta contra transformar o meu trabalho num ídolo.

Trabalhe duro, trabalhe com inteligência e confie em Deus.

As últimas duas palavras desse lema me lembram como eu poso combater a idolatria em meu trabalho. Quando digo isso, lembro-me de que não importa o quão árdua e inteligente seja a forma como eu trabalhe, todas as minhas realizações têm o inconfundível dedo de Deus nelas. Posso trabalhar da forma mais árdua e inteligente que já trabalhei, e meus planos ainda assim podem falhar. Ao mesmo tempo, mesmo que tudo pareça estar caminhando para o desastre, Deus ainda pode me surpreender e levar tudo ao sucesso! Provérbios 19.21 confirma esse fato: "Muitos propósitos há no coração do homem, mas o desígnio do Senhor permanecerá". Isso significa que eu devo trabalhar com todo o meu coração e ao mesmo tempo manter a confiança de meu coração firmemente arraigada em Deus. Então, trabalhe duro, trabalhe com inteligência e confie em Deus!

Isso também é verdade se sua tendência for ser indolente no trabalho. Um dos nossos versículos mais fundamentais da Bíblia trata disso: "Tudo quanto fizerdes, fazei-o de todo o coração, como para o Senhor e não para homens, cientes de que recebereis do Senhor a recompensa da herança. A Cristo, o Senhor, é que estais servindo" (Colossenses 3.23-24). Como encorajar a nós mesmos para trabalhar com todo o nosso coração? *Sabendo* que trabalhamos para o Senhor, e não para pessoas. *Sabendo* que Jesus separou uma herança para nós como recompensa. Isso é um ato de fé! Isso requer que exerçamos uma confiança profunda em Jesus, crendo que ele sabe o que está fazendo quando nos coloca para trabalhar em determinado lugar. Nós raramente conseguimos perceber o que é mais importante em nossa vida. Quem *sabe* por que Deus quer que estejamos aqui, fazendo isto, neste período de nossa vida? Mas, ainda assim, podemos confiar que é ele que está fazendo isso, que ele nos colocou aqui, como nosso Rei, e agora o nosso trabalho é servi-lo fielmente onde ele nos colocou, pelo tempo que ele decidir nos manter aqui.

De qualquer forma, pode ser útil ter a perspectiva de um soldado em um exército. Um soldado faz o que seu general ordena, mesmo que ele não compreenda totalmente por que ele está sendo colocado em determinado lugar ou como essa tarefa específica se enquadra no plano global da batalha. Os crentes, em seu trabalho, precisam aprender a estar contentes em servir como um soldado raso — um soldado comum — no meio do povo de Deus. Todos nós desejamos ser generais e comandantes de tanques. Ficamos ofendidos quando o Rei não nos explica tudo e simplesmente decide nos colocar nas trincheiras. Mas não é dele, afinal, esse direito? O fato de estarmos ao seu lado, afinal, não é um presente de sua inacreditável graça? Quem somos nós, então, para aceitar a graça de sua mão, unirmo-nos ao seu exército, e depois nos afastarmos mal-humorados, chutando a poeira quando o nosso Rei diz: "Agora, meu querido filho, quero que você trabalhe lá nas trincheiras. Tenho uma estratégia brilhante que está se revelando e quero que você trabalhe lá por um tempo". As pessoas cujos corações estão cheios de fé e amor para com o Rei, não rejeitarão os mandamentos dele. Elas se levantarão para cumprir sua tarefa com brados de alegria, reconhecendo que estão numa tarefa pessoal para o Rei dos reis!

Portanto, lembre-se, não importa o que façamos, quer sejamos um soldado raso, um cozinheiro, um tenente, um limpador de privadas, um cavador de trincheiras ou um comandante de tanque, foi o próprio Rei que nos colocou nesse trabalho. Esse é o chamado que ele nos deu. Nós não merecemos estar no primeiro posto de seu exército. Merecemos ser subjugados por ele. Onde quer que ele tenha decidido nos colocar, devemos confiar nele e servi-lo bem. Não é *o que* fazemos que é realmente importante.

O que importa é *para quem* o estamos fazendo.

1. Leia e reflita: Efésios 6.5-7; Gênesis 1.26; 2 Tessalonicenses 3.10; Provérbios 12.11; 1 Timóteo 6.17-19; Eclesiastes 5.18-20; Tito 2.9-10; Provérbios 19.21.
2. Os crentes têm muitas motivações boas e bíblicas para trabalhar. Qual motivação deste capítulo você demonstra com menos frequência atualmente? Por que isso é difícil para você? Ore para que Deus o ajude a fazer com que essa motivação aumente em seu coração neste mês.
3. A autoridade no local de trabalho — quer você a exerça ou viva debaixo dela — é geralmente mal compreendida ou mal utilizada. Como o fato de trabalhar sob a autoridade de Deus remodela sua atitude, quer você seja chefe ou se reporte a um chefe?
4. Como o seu trabalho específico cumpre os propósitos de Deus em relação aos outros? Dê exemplos disso em sua família, sua igreja, sua empresa, com seus colegas de trabalho, com seus clientes e com a sociedade como um todo.

5. Reflita sobre cada motivação citada neste capítulo e releia o que a Bíblia diz acerca de cada uma delas. Refletir sobre essas motivações ajudam o seu coração a estar mais contente? Como o fato de conhecer e crer em cada uma delas pode ajudar o seu coração a estar mais contente?

Capítulo Cinco

Como Devo Escolher um Emprego?

Voltemos agora para alguns problemas espinhosos específicos que podem surgir enquanto fazemos o nosso trabalho. Como essa perspectiva bíblica sobre o trabalho se aplica ao nosso emprego de forma prática? Como encontrar o equilíbrio correto entre o nosso trabalho, nossa família e o nosso envolvimento com a igreja? Como lidar com chefes difíceis e colegas de trabalho competitivos? O que significa ser "bem-sucedido"?

Antes de passarmos a responder a qualquer uma dessas perguntas, gostaríamos de começar com uma pergunta ainda mais básica: Como escolher um emprego? O que a Bíblia tem a dizer acerca do processo de escolha de uma carreira profissional ou da decisão de buscar um chamado específico em meu trabalho?

Acima de tudo, devemos reconhecer que toda a ideia de "escolher" um emprego é geralmente um conceito do ocidente moderno. Na maior parte da história humana, o trabalho era algo que as pessoas faziam para sobreviver e, de modo geral, não havia opções a serem consideradas. Na maior parte do tempo, a pessoa fazia aquilo que seu pai ou sua mãe faziam, e esse era o fim da história.

Isso não quer dizer que somos as únicas pessoas na história a enfrentar essa questão; mas sim que as opções disponíveis para nós hoje são maiores do que eram no passado. A especialização, a mobilidade e a educação escancararam o mundo para nós de um modo que a maioria das pessoas na história jamais experimentou. A rapidez dos avanços tecnológicos e a quebra das indústrias sugerem que "escolher um emprego" é algo que provavelmente a maioria de nós fará inúmeras vezes na vida.

Escolher um emprego raramente é fácil. É difícil encontrar algo que combine bem com nossas habilidades, desejos e necessidades, e isso é complicado devido ao fato de mais pessoas estarem competindo pelos mesmos empregos agora do que em qualquer outra época. Podemos descobrir que a tecnologia tem sobrepujado as nossas habilidades, e que precisaremos começar de novo ou aprender algo novo para continuarmos competitivos. Como crentes, nós também temos que lutar com o nosso coração e nossas motivações.

IDOLATRIA E INDOLÊNCIA NA ESCOLHA DE UM EMPREGO

É assustadoramente fácil cair na idolatria no processo de escolha de um emprego. Nós transformamos a escolha de um emprego em um ídolo quando baseamos o nosso critério para "o emprego certo" no fato de ele trazer glória e honra para nós mesmos, em vez de trazer honra e glória para Deus. Quando nos concentramos no salário ou no prestígio que um emprego pode nos dar, corremos o perigo de cair na idolatria na busca de nosso emprego.

Também é possível cair na armadilha da indolência na busca por um emprego. Caímos na indolência quando falhamos em perceber os bons propósitos de Deus para o trabalho. Na prática, isso significa que falhamos ao exercer o discernimento; falhamos em orar e em buscar o conselho de Deus em nossa busca pelo emprego; nós decidimos o trabalho que faremos. Podemos até ficar ressentidos com o fato de termos de procurar um emprego, e então colocamos pouco esforço nessa busca.

Ambas as perspectivas são obviamente erradas. Então, como evitar essas formas de pensamento? Como podemos cultivar uma mentalidade que resista aos padrões do mundo e se apegue a uma perspectiva bíblica e moldada pelo evangelho? A resposta é que precisamos começar com Deus. Por mais trivial que isso possa parecer a princípio, o fato é que a maioria dos crentes *não* começa sua busca por emprego com Deus e suas prioridades; eles começam consigo mesmos.

Eis o que queremos dizer: Pense em seu processo de tomada de decisão como uma pirâmide, larga e forte na base; pontuda e, até certo ponto, frágil no topo. Uma pirâmide é maravilhosamente estável, contanto que a parte forte permaneça na base e a fraca permaneça no topo — ou seja, quando baseamos nossa vida e decisões em nossas prioridades mais sublimes e firmes. Entretanto, vire-a e tente apoiar a pirâmide na parte pontuda, e você imediatamente terá um desastre em suas mãos! Se isso for verdade, então é de fato importante manter as nossas prioridades organizadas adequadamente.

E qual é a ordem correta? Bem, é assim: obedecer e amar a Deus na base, servir aos outros no meio e agradar a nós mesmos no topo.

Pirâmide: Nós Mesmos / Outros / Deus

Uma mentalidade edificada sobre a cosmovisão bíblica é a única que é estável o suficiente e forte o bastante para aguentar o peso de nossa vida. Ela também reflete o modo como Jesus nos ensinou a pensar. O maior dos mandamentos (a base da pirâmide de nossa vida) é "amarás o Senhor, teu Deus". E depois disso? "Amarás o teu próximo como a ti mesmo". Isso significa que o "eu" vem por último. O "eu" se encontra no topo da pirâmide — não por causa de sua importância, mas por causa de sua fraqueza. Ele simplesmente não pode suportar o peso de uma vida criada para honrar a Deus.

Então, o que significa, na prática, manter as prioridades de Deus como a base de nossa tomada de decisão quando buscamos um emprego? Nós desenvolvemos seis perguntas-chave que você deve fazer a si mesmo, enquanto considera as oportunidades de emprego em potencial. E ordenamos essas perguntas de uma forma bem específica.

As três primeiras perguntas são o que chamamos de "perguntas que você precisa fazer". Elas são as perguntas para as quais nós, como crentes, devemos realmente ser capazes de responder sim, a fim de que uma oportunidade de emprego seja uma opção real para nós. Elas são as perguntas que se situam na base da pirâmide. As três últimas perguntas são as que chamamos de "perguntas boas para fazer". Elas são as perguntas que pertencem à parte mais elevada da pirâmide — coisas que seriam boas se você as tivesse, mas que não são necessárias em um emprego.

Perguntas que você precisa fazer

1. Esse emprego glorifica a Deus? Aquilo que eu estaria fazendo neste emprego honraria ao Senhor ou desonraria e desobedeceria a ele? Aqui nós temos de excluir os tipos de trabalho que poderiam ser inerentemente pecaminosos. Trabalhar como matador de aluguel, traficante de drogas, membro da equipe de uma clínica de abortos desonra a Deus e é proibido para o crente. É claro que as coisas nem sempre são tão claras! Os limites podem ser obscuros, e a consciência das pessoas perceberá os diferentes tipos de trabalho de forma diferente. De modo geral, no entanto, é importante começar por aqui. Queremos realizar um trabalho que glorifique e honre a Deus.

2. Esse emprego me permite viver uma vida piedosa? Em outras palavras, este emprego me permitirá obedecer a Deus em todas as áreas de minha vida ou significa que terei que sacrificar a obediência em outras áreas? Este emprego me permitirá amar o meu cônjuge e ser um bom pai para meus filhos? Este emprego me forçará a negligenciar outras obrigações bíblicas? Ele me permitirá obedecer a Deus por meio de um relacionamento substancial com a igreja? Se aceitar um emprego significar necessariamente ter de desobedecer a Deus em outras áreas de nossa vida, então isso é um indício de que esse é um emprego que está fora de cogitação.

3. Este emprego provê para as minhas necessidades e me permite ser uma bênção para os outros? As Escrituras nos ordenam a sermos diligentes no trabalho, a fim de prover para nós mesmos e nossas famílias, e para sermos generosos com aqueles que passam necessidade. Colocamos essa pergunta na lista das perguntas que você precisa fazer porque ela não é apenas uma característica opcional. Paulo escreveu em 1 Timóteo 5.8: "Ora, se alguém não tem cuidado dos seus e especialmente dos da própria casa, tem negado a fé e é pior do que o descrente". Uau! Isso é bem esclarecedor, não é? Se escolhermos um emprego que utiliza os nossos dons, mas não paga o suficiente para prover para as nossas necessidades básicas e de nossa família, a Bíblia diz que estamos vivendo em pecado. Acredite ou não, o dinheiro é uma coisa que devemos ter.

Perguntas boas para fazer

4. Este emprego beneficia a sociedade de alguma maneira? É quase certo que se você respondeu sim as três primeiras perguntas, você responderá sim a essa também. O desafio é que pode ser inacreditavelmente difícil medir o que se qualifica como um benefício para a sociedade. Precisamos ser bem cuidadosos ao tentar decidir qual de dois empregos beneficia mais a sociedade. Por exemplo, pode ser fácil admitir que empregos sem fins lucrativos beneficiam mais a sociedade do que empregos na área de vendas. Mas será que isso é necessariamente verdade? Pense nisso desta maneira: Quem ofereceu o maior benefício para a sociedade por meio de sua vida de trabalho — Bill Gates ou Madre Teresa? É quase impossível dar uma resposta clara para essa pergunta. O mundo é muito complexo, e existem muitas variáveis para dizermos: "Este emprego é mais benéfico do que aquele outro".

Entretanto, devemos pelo menos considerar essa questão. Este emprego é bom? Ele parece benéfico para os outros, para as pessoas ao nosso redor? Talvez seja desafiador comparar os benefícios sociais de várias profissões, mas isso ainda é digno de consideração.

5. Este emprego faz bom proveito de meus dons e talentos? Ele se alinha com os dons e habilidades que Deus tem me dado? O fato é que nem todo mundo tem a liberdade de escolher o tipo de trabalho que fará. Muitas pessoas apenas fazem aquilo que está disponível para elas. Entretanto, se você pode se dar ao luxo de considerar isso, é preferível trabalhar numa profissão na qual você sabe que é bom. A Bíblia está repleta de histórias a respeito de Deus equipando pessoas para fazer um trabalho específico. Bezalel foi especialmente dotado para construir o tabernáculo; José, para administrar o reino de faraó; Daniel, para governar e Davi, para ser um guerreiro poeta. Às vezes, Deus tem a intenção de que o nosso emprego se ajuste perfeitamente aos dons e talentos que ele nos deu.

Às vezes.

É claro, há outros exemplos na Bíblia nos quais não parece haver qualquer correspondência entre os maiores dons de uma pessoa e seu trabalho diário. A Bíblia jamais nos diz que Paulo era especialmente dotado para fazer tendas. Talvez ele tenha feito esse trabalho apenas para se sustentar. Pedro era um talento mundialmente reconhecido por pescar? Aparentemente, ele tinha muitos dias em que a rede ficava vazia. Moisés foi *feito* exatamente para ficar diante de um rei e falar de modo ousado com ele? De jeito nenhum! Mas, de qualquer forma, Deus o chamou para fazer isso. Este é o argumento: É ótimo ter um emprego que se alinhe com aquilo que percebemos serem nossos dons e talentos. Com toda a certeza, faça *isso* se aparecer a oportunidade! Deus talvez lhe dê um trabalho que se alinhe com seus dons, mas ele certamente não prometeu fazer isso. Na prática, então, você não deve fazer dessa pergunta uma "pergunta que você precisa fazer" na hora de tomar sua decisão.

6. Este trabalho é algo que eu quero fazer? Devemos ter expectativas bíblicas e realistas a respeito do nível de satisfação e realização que um trabalho possa trazer. O mundo geralmente nos diz que achar um emprego que apreciamos é *o* alvo-chave da vida. Mas a Bíblia não diz nada assim, ela simplesmente afirma: "Tudo quanto fizerdes, fazei-o de todo o coração, como para o Senhor e não para homens" (Colossenses 3.23, ênfase adicionada). É bom ter um emprego que, de fato, apreciamos, e isso deve ser algo a ser considerado na escolha de um emprego. Ao mesmo tempo, devemos ser cautelosos para que o "prazer" não se torne a nossa prioridade mais intensa. Pensar dessa forma é na verdade apenas outra maneira de fazer de nós mesmos a prioridade mais elevada.

Dê mais uma olhada na pirâmide de prioridades. À medida que esclarecermos essas seis perguntas, estaremos caminhando para o *topo* da pirâmide. Essas perguntas devem nos levar a começar com Deus, depois, considerar os outros e, finalmente, pensar sobre nós mesmos. Esse é o tipo de mentalidade que nos levará a um processo de tomada de decisão piedoso e estável.

A maioria das pessoas — até mesmo os crentes — afinal, não pensa dessa maneira. Na verdade, elas invertem a pirâmide completamente.

```
        Deus
       Outros
      Nós
     Mesmos
```
(pirâmide invertida)

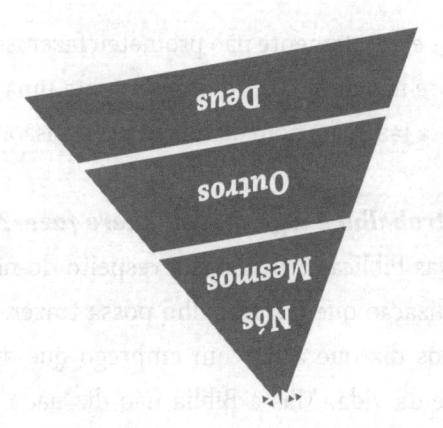

Elas começam sua busca por um emprego perguntando: "O que *eu* quero fazer?". Só depois elas perguntam se o emprego beneficiará aos outros, e no fim elas dão uma rápida checada para se assegurarem de que não estão a ponto de pecar ao assinarem na linha pontilhada.

Pensar de forma invertida leva a todo tipo de problema. Isso aumenta a nossa tendência de pensar primeiro em nós mesmos, o que distorce a forma como pensamos a respeito de que tipo de emprego poderia ser melhor para nós. Se começarmos com considerações egoístas, podemos nos ver excluindo, de modo equivocado, empregos que honrariam a Deus perfeitamente bem, permitindo-nos viver uma vida sossegada e piedosa, prover para as nossas necessidades e ainda beneficiar aos outros. Do mesmo modo, pensar de forma invertida pode nos levar a agarrar um emprego que possa ser gratificante para nós por si só, mas que não pague o suficiente para nos sustentar. Isso pode nos levar a um emprego que faça exigências que nos forcem a fugir de outras responsabilidades ou nos levar

Como Devo Escolher um Emprego?

a um trabalho que realmente não beneficie ninguém, senão a nós mesmos. Quando invertemos a pirâmide e esperamos que as preocupações com o "eu" carreguem o peso de nossa decisão, todo o processo se torna desesperadamente instável.

Então, como tomar uma decisão a respeito de qual emprego escolher? É muito simples, devemos começar na base da pirâmide e seguir para o topo. Quais profissões disponíveis a nós glorificarão a Deus? Qual delas é melhor para nos permitir ter uma vida piedosa? Qual delas proverá adequadamente para nós e nossa família? Qual delas beneficia os outros? Dentre as que restarem, qual delas se ajustará melhor aos nossos dons e satisfarão os nossos desejos? De qual delas gostamos mais? À vezes, ao chegarmos às perguntas 4 ou 5, só restará uma opção. Isso é suficiente. Não rejeite um emprego que não seja pessoalmente gratificante, mas que, no entanto, glorifique a Deus e supra a sua família. E não aceite um emprego que seja pessoalmente gratificante, se ele não suprir aquelas coisas básicas. Mantenha a pirâmide com o lado certo para cima!

Claro, há outra questão óbvia para manter em mente. Se Deus não nos deu uma oportunidade para fazer determinada coisa, então ele não está nos chamando para fazer aquilo, pelo menos não agora. Deus dirige os nossos passos por meio das oportunidades *presentes*. Não há nada de errado em pensar acerca das opções e considerar: "E se". Todavia, ainda temos de fazer aquilo que Deus colocou à nossa frente *hoje*. Salomão escreveu dois provérbios quase idênticos a respeito dessa verdade. Em Provérbios 12.11, lemos: "O que lavra a sua terra será farto de pão, mas o que corre atrás de coisas vãs é falto de senso". E Provérbios 28.19 diz: "O que lavra a sua terra virá a fartar-se de pão, mas o que se ajunta a vadios se fartará de pobreza". Essa é uma questão prática e importante que Salomão repete duas vezes. Não corra atrás de ilusões. Tire vantagem das oportunidades que você tem neste exato momento, em vez de sonhar fantasiosamente com oportunidades que você jamais terá.

CONCLUSÃO

Não há uma fórmula simples que sempre nos leve a encontrar o melhor emprego. Essas perguntas apenas têm a intenção de ajudá-lo a desenvolver uma estrutura de pensamento a respeito daquilo que é mais importante, de quais oportunidades devem ser rejeitadas e quais delas você deve buscar. Os princípios expostos neste capítulo não são determinantes, mas esperamos que sejam úteis.

Escolher um emprego é uma decisão muito importante na vida e uma das decisões que devem ser tomadas com orações intensas, estudos bíblicos e conselhos sábios de outros crentes. Enfim, é uma decisão para a qual devemos separar um tempo abundante — *mas não infinito*. Em seu livro *Trabalhe 4 Horas por Semana* (São Paulo: Editora Planeta do Brasil, 2008), Tim Ferriss defende a tomada de decisão rápida, quando as decisões não forem fatais e forem reversíveis.

Embora a decisão de buscar determinada carreira profissional ou de aceitar um emprego específico possa parecer no momento a decisão mais importante que já fizemos, a

Como Devo Escolher um Emprego?

verdade é que ela também está sujeita a mudanças. Isso significa que devemos exercer a sabedoria, orar, buscar conselhos, planejar e criar estratégias e, depois, devemos tomar uma decisão rápida e seguir em frente. Por quê? Porque, em última análise, Deus está no controle. Ele é soberano sobre tudo — e isso com certeza se estende ao nosso emprego! Podemos colocar nossa vida e carreira em suas mãos, sabendo que ele é um Rei bom e generoso, que faz com que todas as coisas cooperem para a sua glória e para o nosso bem. Ele não desperdiçará a nossa posição.

Por essa razão, acima de tudo, confie em Deus enquanto você escolhe um emprego. Os empregos são temporários, Deus é eterno. Se parece que você talvez tenha que escolher um trabalho que não seja perfeito para você, louve a Deus e faça-o com todo o coração. Um dia esse emprego acabará. E se parece que você conseguiu o emprego de seus sonhos, trabalhe nele com todo o seu coração. Lembre-se, um dia ele também acabará! De qualquer maneira, você trabalha para Jesus. Você pode confiar que ele tem boas razões para o trabalho que ele está lhe dando para fazer.

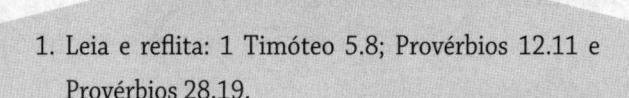

1. Leia e reflita: 1 Timóteo 5.8; Provérbios 12.11 e Provérbios 28.19.

2. Pense sobre sua última mudança de emprego. Quais foram as perguntas que você teve de fazer, enquanto avaliava esse emprego? Como essas perguntas se ajustam com as Escrituras?
3. Como a lista de considerações deste capítulo influencia sua forma de pensar a respeito de seu próximo emprego? E o seu plano de carreira? Como é essa lista em comparação com aquilo que os seus colegas acham que deveria ser a sua próxima "mudança inteligente" para a sua carreira?
4. Quais são as perguntas "boas para fazer" que você é tentado a elevar à posição de "perguntas que você precisa fazer"? Por quê?
5. Quando consideramos a mudança de emprego, a nossa cultura geralmente nos encoraja a falar com um *expert* em carreiras, um mentor ou recrutador profissional. Essas são coisas boas a serem feitas. Que outras coisas um crente poderia fazer para buscar conselho para essa decisão?
6. "Trabalhe duro, trabalhe com inteligência e confie em Deus". De que maneiras você tem visto a impressão digital de Deus em sua vida e em sua carreira?

Capítulo Seis

Como Manter o Equilíbrio Entre o Trabalho, a Igreja e a Família?

Eram três horas da manhã, e eu (Seb) estava acordado, inclinado num sofá de um quarto de hospital. Isso foi apenas há algumas horas depois de eu ter recebido o meu primeiro filho no mundo, e eu não conseguia dormir. Minha incapacidade para dormir não se devia à inacreditável alegria e empolgação de ter um filho. Na verdade, o problema era o oposto — eu estava aterrorizado! Como eu seria capaz de dar conta de tudo? Eu mal conseguia sobreviver com todo o trabalho que resultava de ser marido, membro de igreja e um homem de negócios. Agora, eu havia acabado de acrescentar uma nova superimportante "tarefa" à minha lista lotada de responsabilidades: Eu era um pai com uma criança para cuidar em nossa casa, pelo menos pelos dezoito anos seguintes. Como eu faria tudo isso afinal?

Cheguei a uma solução. Decidi que poderia falhar em meu emprego. Aquela era a única responsabilidade em minha vida que parecia flexível. Eu sabia que não poderia falhar como discípulo de Jesus. Não poderia falhar como marido ou como pai. Só restava uma opção. Eu faria o melhor que pudesse no trabalho, mas se tivesse que falhar em alguma coisa, teria que ser no meu trabalho.

Ainda assim, essa não era uma solução perfeita. Afinal, agora eu tinha uma família para sustentar. Então, eu tinha que ser "bem-sucedido" em meu trabalho, pelo menos o bastante para pôr comida na mesa, ou eu acabaria falhando com minha família. Apesar disso, mesmo assim decidi que se tivesse que falhar em alguma área, falharia em meu emprego.

Essa é de fato a resposta para manter o equilíbrio entre nossas responsabilidades? Será que Deus realmente nos dá diversas obrigações e espera que escolhamos aquela na qual ele deseja que falhemos? Se a resposta for não, como manter o equilíbrio entre todas as coisas sem falhar? Como permanecer frutífero e fiel no trabalho, quando também precisamos ser frutíferos e fiéis como cônjuges, pais, vizinhos e membros da igreja? Como fazer tudo isso nas meras 168 horas que compõem uma semana?

A área do equilíbrio entre as responsabilidades está intimamente relacionada aos assuntos que temos discutido neste livro. Por um lado, não queremos ser indolentes no trabalho. Não podemos largar mão de tudo e decidir que o trabalho não é importante. Afinal, Deus planejou que trabalhássemos, e ele quer que trabalhemos *para ele*. O que quer que façamos, devemos fazê-lo com todo o nosso coração. Falhar em nosso

Como Manter o Equilíbrio Entre o Trabalho, a Igreja e a Família?

trabalho não é a solução. Por outro lado, não podemos declarar que o nosso trabalho é de extrema importância e ficar contentes em falhar em nossas outras responsabilidades. Não podemos sacrificar as responsabilidades dadas por Deus no altar do trabalho.

Como fazer isso tudo? Essa é a questão, não é mesmo? Falhar em qualquer área nas obrigações que Deus nos tem dado não é, de fato, uma opção. É possível fazer malabarismo com tudo isso ao mesmo tempo? Como na maioria das coisas na vida, não há uma fórmula mágica que resolva esse problema. Não existe um meio de facilitar isso. Mas ao lembrarmos que somos, acima de tudo, discípulos de Jesus, e que trabalhamos para ele em todas as coisas, realmente nos ajuda a sermos fiéis e frutíferos em *todas* as responsabilidades que ele nos deu, não apenas em *algumas* delas.

A NOSSA PRIMEIRA E ÚNICA RESPONSABILIDADE — O DISCIPULADO A JESUS

Temos a tendência de pensar em nossas várias responsabilidades como coisas que não se relacionam entre si, como um conjunto de bolas com as quais tentamos fazer malabarismos. Com certeza é possível ver alguma relação entre elas. Por exemplo, o nosso emprego provê dinheiro para sustentar nossa família e nossa igreja, e nós levamos nossa família para a igreja conosco. Mas também temos a tendência de ver as nossas responsabilidades como se estivessem em conflito umas com as outras, principalmente por causa da limitada quantidade de tempo e energia que temos numa semana típica. E, assim, geralmente colocamos as nossas várias responsabilidades em oposição umas contra as outras, o que leva a um sentimento de constante tensão entre elas, em vez de vermos essas coisas como se estivessem agindo juntas, em harmonia.

A Bíblia não descreve as responsabilidades da vida como um malabarismo. Na verdade, as Escrituras são claras em afirmar que temos uma única obrigação primordial, e que todas as demais coisas estão subordinadas a ela. Qual é essa obrigação primordial? É o nosso chamado para seguir a Jesus. A Bíblia afirma esse argumento muitas vezes, de diferentes maneiras.

Jesus declara em Mateus 6.33: "Buscai, pois, em primeiro lugar, o seu reino e a sua justiça, e todas estas coisas vos serão acrescentadas". Há uma lógica clara nessa afirmação. Jesus nos diz que temos uma única responsabilidade primordial, e quando a fazemos bem, todas as demais coisas de que precisamos serão providenciadas. Em outras palavras, todas as demais coisas estão subordinas e são organizadas pela responsabilidade fundamental que temos, a saber, seguir a Jesus.

Em seu livro *O Chamado* (Cultura Cristã: São Paulo), Os Guinness nos dá uma explicação sobre porque seguir a Jesus deve ser a nossa responsabilidade primordial. Ele diz que isso é necessário, em primeiro lugar, porque como crentes, a nossa vida é dele, por ele e para ele. Considere o que Paulo escreve em 2 Tessalonicenses 2.14: "[Ele] vos chamou [para a salvação] mediante o nosso evangelho". Quem nos chamou? Foi Jesus. Portanto, nós fomos chamados para a salvação *por* Jesus.

Agora observe João 17.6 para perceber como Jesus ora por aqueles que creem nele: "Manifestei o teu nome aos homens que me deste do mundo. Eram teus, tu mos confiaste". A quem pertencemos? Somos de Jesus (dele). Deus nos deu *para* ele. Se somos cristãos, também poderíamos ter um adesivo em nossa testa, que diria: "Para Jesus, de seu pai!".

Enfim, leiamos o que Paulo escreve em Efésios 2.10: "Pois somos feitura dele, criados em Cristo Jesus para boas obras, as quais Deus de antemão preparou para que andássemos nelas". O que devemos fazer agora que fomos salvos? Boas obras que redundem em glória para Jesus. Devemos viver *para* ele.

Você entende o quão abrangente é esse chamado para seguir a Jesus? Fomos salvos *por* Jesus, somos *dele*, e agora somos chamados para viver *para* Jesus. O discipulado a ele deve ser a nossa obrigação básica, fundamental e primordial. Ela acontece antes de qualquer outra obrigação, suplanta qualquer outra obrigação e permanecerá depois que qualquer outra obrigação for cumprida.

O nosso discipulado a Jesus não é apenas mais uma bola flutuando ao redor de nossa vida. Ele não está em oposição às outras responsabilidades. Ele é a nossa responsabilidade principal, e as outras são definidas a partir dele. Pense novamente em Colossenses 3.23 (você provavelmente já o memorizou até aqui!). Por que devemos trabalhar com todo o nosso coração em tudo quanto fizermos? Porque o que quer que façamos é feito "para o Senhor"! A nossa principal e maior responsabilidade organiza e define todas nossas responsabilidades secundárias, "tudo quanto fizerdes". A vida na igreja, a vida em família e a vida no trabalho se enquadram no "tudo quando fizerdes" — essas responsabilidades secundárias que temos como seres humanos e cristãos. Elas são as arenas nas quais vivemos o nosso chamado primordial de seguir a Jesus e render honras e glórias a ele. Você está na escola? Neste momento, Deus lhe deu uma obrigação de ser um aluno que está se esforçando para seguir a Jesus e render honras e glórias a ele. Você é um marido? Deus lhe deu o trabalho de ser um marido que está se esforçando para seguir a Jesus e render honras e glórias a ele. Você é um aposentado? Deus o chamou para ser um aposentado que está se esforçando para seguir a Jesus e render honras e glórias a ele. Você está desempregado neste exato momento? Ainda assim, você precisa compreender que sua obrigação dada por Deus neste exato momento é de ser desempregado. E ele quer que você use esse período para seguir a Jesus e render honras e glórias a ele.

SER FIEL E FRUTÍFERO NA FAMÍLIA, NA IGREJA E NO TRABALHO

A confusão para manter o equilíbrio em nossa vida começa a ser decifrada quando compreendemos que temos uma única responsabilidade primordial. Os nossos vários chamados e obrigações na vida não estão mais em oposição direta uns com os outros, porque todos eles estão incorporados na responsabilidade dominante que é seguir a Cristo. Mas isso não significa que a pressão se foi. Sempre sentiremos a pressão de nossas responsabilidades secundárias se chocando umas com

Como Manter o Equilíbrio Entre o Trabalho, a Igreja e a Família?

as outras, mesmo quando entendemos que elas são subservientes a esse alvo principal.

Por exemplo, como devemos gastar uma tarde livre que não estávamos esperando? Devemos terminar um projeto de trabalho mais cedo, passar um tempo com as crianças ou fazer algum tipo de ministério na igreja? Não existe uma resposta rápida e simples para essa pergunta. Na verdade, as respostas serão diferentes em diferentes situações e para pessoas diferentes. Em vez de responder a essa pergunta definitivamente, gostaríamos de sugerir alguns princípios que poderão ajudá-lo a administrar as exigências conflitantes da família, da igreja e do trabalho.

Para cada obrigação de nossa vida, encontraremos na Bíblia um padrão mínimo de fidelidade e princípios para buscarmos ser mais frutíferos. Com "padrão mínimo de fidelidade", queremos dizer as exigências básicas que as Escrituras nos fazem em determinada área de nosso chamado. Se estivermos falhando em viver nesses padrões básicos em alguma de nossas obrigações, então não estamos sendo fiéis nessa área. Na maioria das vezes, isso significa que precisamos duplicar a nossa atenção nessa área antes de olhar para qualquer outra coisa.

Com "princípios para buscarmos ser mais frutíferos", queremos dizer aqueles meios pelos quais podemos crescer além do mínimo esperado para a nossa fidelidade. Uma vez que estejamos satisfazendo os padrões bíblicos de fidelidade em todas as nossas obrigações, ficamos livres para sonhar e considerar como podemos investir o nosso tempo e energia extras da melhor maneira.

Tanto nos aspectos da fidelidade quanto nos dos frutos, encontraremos as duas armadilhas que tendem a definir os padrões pecaminosos associados ao nosso trabalho — a idolatria e a indolência. Se falharmos em satisfazer as exigências mínimas da fidelidade, cairemos na indolência. Se os nossos frutos ficarem aquém do esperado, caímos na idolatria.

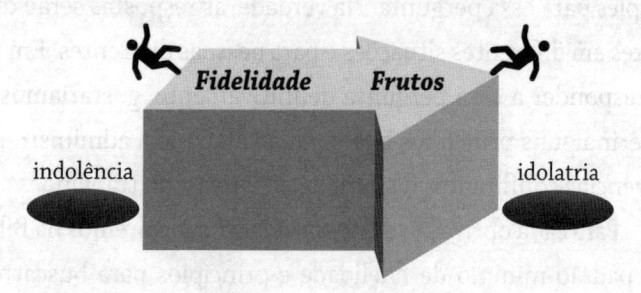

Fidelidade   Frutos

indolência   idolatria

Então, eis o princípio norteador: busque a fidelidade, depois dê frutos, mas *sem* idolatria. Talvez você queira memorizar isso! Essa é uma maneira simples de pensar sobre como administrar as obrigações complexas que Deus nos deu.

1. Determine se você está sendo fiel em suas obrigações.
2. Considere em que áreas você poderia ser capaz de investir para ser mais frutífero.
3. Evite a armadilha da idolatria, quando você é dominado pelo seu trabalho em vez de servir ao Senhor.

Fidelidade. Depois, dar frutos. E, sem idolatria. Consideremos como esse princípio norteador causa impacto em nossas obrigações secundárias com a família, a igreja e o trabalho.

Como Manter o Equilíbrio Entre o Trabalho, a Igreja e a Família?

Família

Qual é o padrão mínimo de fidelidade quando se trata de sua família? Com toda honestidade, ele é provavelmente mais elevado do que você imagina! De acordo com Efésios 5.22, 25, a fidelidade em sua família está em um patamar muitíssimo elevado. "As mulheres sejam submissas ao seu próprio marido, como ao Senhor... Maridos, amai vossa mulher, como também Cristo amou a igreja e a si mesmo se entregou por ela". Muitos livros têm sido escritos a respeito de como isso funciona na vida real. O padrão de fidelidade é o autossacrifício na forma de uma submissão amorosa e piedosa para as esposas e na forma de amor abnegado para os maridos.

Se você tiver filhos, o padrão de fidelidade é também bem elevado: "Pais... criai-os [seus filhos] na disciplina e na admoestação do Senhor" (Efésios 6.4). Quando se trata da sua família, o padrão mínimo de fidelidade não é tão mínimo assim, não é mesmo? As esposas devem se submeter ao seu marido como a igreja se submete a Cristo. Os maridos devem amar sua esposa como Cristo amou a igreja. E ambos devem criar seus filhos no temor do Senhor e obedecer aos seus mandamentos.

Os maridos e as esposas também podem investir um no outro e nos filhos, a fim de maximizarem seus frutos. Alguns maridos e esposas investem tempo um com o outro a sós ou em passeios rápidos com as crianças. Alguns gastam um dinheiro extra com experiências familiares; outros o gastam em coisas igualmente valiosas. A questão é que não há nada nas Escrituras que nos ordene tirar férias com a família ou planejar com regularidade "dias da família". Mas, se constantemente somos fiéis ao já elevado padrão de fidelidade das Escrituras, esse tipo de coisa não é estritamente necessário. Essas coisas são investimentos de recursos extras em nossas famílias, com o intuito de maximizar os frutos nessa arena de nossa vida.

Obviamente, vale a pena perceber que a fidelidade e a geração de frutos na vida familiar não funcionarão exatamente da mesma maneira para cada pessoa. Pessoas diferentes devem ser sábias para determinar o nível de apoio emocional, espiritual e físico que seus cônjuges e filhos requerem. Não tente definir o que *fiel* ou *frutífero* significam para você comparando sua vida familiar com a dos outros. Antes, determine isso considerando como os mandamentos e princípios bíblicos se entrelaçam com as circunstâncias providenciais, específicas e reais de sua vida.

Seria possível uma pessoa idolatrar erroneamente sua esposa ou filhos? Claro que sim! Há duas formas de isso acontecer. Em primeiro lugar, se o seu investimento de tempo e atenção para com sua família o leva a ficar aquém dos padrões bíblicos de fidelidade em outras áreas de sua vida, é porque você elevou, de modo incorreto, a importância de sua família. Se você simplesmente declara que não irá para o trabalho, afinal, porque você quer gastar cada hora de sua vida na qual está acordado com suas crianças, você não está sendo fiel na arena do trabalho. Semelhantemente, se você decide tirar dois domingos por mês para não ir à reunião de sua igreja e jogar futebol com seus filhos, você não está sendo fiel em sua responsabilidade de ser comprometido com a igreja. E o mais fundamental, entretanto, é que o próprio Jesus estabeleceu os limites da idolatria quando se trata da família. Ele disse: "Quem ama seu pai ou sua mãe mais do que a mim não é digno de mim; quem ama seu filho ou sua filha mais do que a mim não é digno de mim" (Mateus 10.37). Se amarmos nossa família mais do que amamos a Jesus, então, cruzaremos o limite da idolatria da família.

A Igreja

O que dizer acerca de nosso envolvimento com a igreja e do nosso relacionamento com os outros no corpo de Cristo? De acordo com a Bíblia, o padrão mínimo de fidelidade quando se trata da igreja parece ser que cada crente deve estar significativamente comprometido com a vida da comunidade da igreja local. E vez após vez, o Novo Testamento parece supor que cada crente está ligado de modo significativo à igreja e comprometido com ela. Paulo escreve aos crentes da igreja local de Corinto: "Ora, vós sois corpo de Cristo; e, individualmente, membros desse corpo" (1 Coríntios 12.27). A igreja local é um corpo, e cada pessoa é um membro desse corpo e contribui para o seu bem-estar. Hebreus 10.24-25 deixa claro que não é suficiente apenas estar comprometido teoricamente com a igreja. Devemos "nos estimular ao amor e às boas obras" — "não deixando de nos congregar", afirma o autor de Hebreus, "fazendo admoestações". O padrão mínimo de fidelidade aqui é um compromisso significativo com a igreja local — um compromisso que nos leva a nos reunir regularmente com a igreja e a nos envolver de forma ativa no encorajamento, no amor e na admoestação dos outros membros da igreja.

Dependendo das circunstâncias de sua vida neste momento, você poderá descobrir que Deus o está chamando para investir mais tempo, energia e atenção para maximizar seu serviço e até mesmo sua liderança na igreja. Nem todo mundo é chamado para ser presbítero na igreja. No entanto, algumas pessoas serão chamadas para isso, e Paulo deixa implícito que ter o desejo de ser um presbítero é um desejo bom (veja 1 Timóteo 3.1). Não é preciso abrir mão de uma noite extra a cada semana para liderar um ministério a fim de ser um membro fiel de sua igreja, mas isso poderia ser algo muito bom para que você maximizasse seus frutos na vida da igreja. Todo crente precisa ser membro de uma igreja, mas não somos membros todos iguais, com o mesmo nível de compromisso. Cada um de nós desempenha um papel dado por Deus — quer seja como um olho, um ouvido ou uma unha de um dedo.

E, sim, é possível transformar o nosso serviço e liderança na igreja em um ídolo. Se o nosso investimento de tempo e energia em nossa igreja nos leva a negligenciar a fidelidade nas outras obrigações dadas por Deus, então temos idolatrado a igreja e precisamos repensar as coisas. De fato, Paulo parece estar se dirigindo a essa idolatria do ministério em 1 Coríntios 3.5-9:

> Quem é Apolo? E quem é Paulo? Servos por meio de quem crestes — e isto conforme o Senhor concedeu a

Como Manter o Equilíbrio Entre o Trabalho, a Igreja e a Família?

cada um. Eu plantei, Apolo regou; mas o crescimento veio de Deus. De modo que nem o que planta é alguma coisa, nem o que rega, mas Deus, que dá o crescimento. Ora, o que planta e o que rega são um; e cada um receberá o seu galardão, segundo o seu próprio trabalho. Porque de Deus somos cooperadores; lavoura de Deus, edifício de Deus sois vós.

Devemos nos guardar do pensamento de que o nosso ministério na igreja é de alguma forma indispensável. Não importa o que façamos no corpo de Cristo, nós ainda só estamos regando e plantando. Somente Deus faz as coisas crescerem. Esqueçamo-nos disso e estaremos nos desviando para cruzar os limites da idolatria.

O Trabalho

A Bíblia também nos dá os parâmetros de fidelidade, de geração de frutos e de idolatria para a nossa vida no trabalho. O padrão mínimo de fidelidade para o nosso trabalho é realmente muito simples. Em 1 Tessalonicenses 4.10-12, lemos: "Contudo, vos exortamos, irmãos,... a diligenciardes por viver tranquilamente, cuidar do que é vosso e trabalhar com as próprias mãos, como vos ordenamos; de modo que vos porteis com dignidade para com os de fora e de nada venhais a precisar". Efésios 4.28 coloca isso desta maneira: "Aquele que furtava não furte mais; antes, trabalhe, fazendo com as próprias mãos o que é bom, para que tenha com que acudir ao necessitado". O limite mínimo na arena do trabalho é sermos capazes de prover para nós mesmos, para cuidar de nossa família e para ter alguma sobra para compartilhar com os outros. É isso!

Sempre podemos investir mais tempo, energia e atenção num trabalho a fim de maximizar os nossos talentos e habilidades para a glória de Deus e para o bem dos outros. Podemos dar algumas horas a mais ou gastar um pouco mais da capacidade cerebral para criar estratégias e planos. Podemos nos oferecer para viajar para o nosso patrão ou aceitar uma promoção que utilize melhor os nossos dons, mas que também exija um pouco mais de tempo. Nenhuma dessas coisas é estritamente necessária para sermos fiéis em nosso trabalho, não importa o que o mundo nos diga. Mas essas coisas podem ser uma ótima maneira de investir alguns dos recursos extras de nossa vida.

O trabalho se torna um ídolo quando o nosso investimento de recursos esgota o "extra" e começa a usurpar o de outras áreas de responsabilidade. O limite da idolatria quando se trata do trabalho é bem definido por Salomão, quando ele afirma: "Não esgote suas forças tentando ficar rico; tenha bom senso!" (Provérbios 23.4, NVI). Salomão fala sobre ficar rico, mas podemos facilmente substituir isso por outras ideias também. Não esgote suas forças para ter satisfação. Não esgote suas forças para ter influência. Não esgote suas forças para ter poder. Não esgote suas forças para ter respeito. Não esgote suas forças para obter essas coisas. Se falharmos em reprimir a nós mesmos, teremos cruzado o limite da idolatria no trabalho.

JUNTANDO TUDO

Deus nos deu inúmeras obrigações na vida. Ele espera que não sejamos nem indolentes nem idólatras em nenhuma delas, mas que comecemos a buscar a fidelidade, gerando mais frutos quando pudermos, em cada um desses chamados.

É relativamente fácil falar sobre as nossas responsabilidades de modo clínico e claro, como se cada uma delas se encaixasse bem adequadamente em sua própria maleta feita por encomenda. Mas no mundo real, as coisas nunca são tão claras. Vivemos num mundo onde as coisas surgem e a vida acontece — queiramos ou não. Estamos tentando ser fiéis no trabalho, e um filho nosso fica doente. Estamos tentando ser fiéis no lar, e um membro da igreja nos telefona em crise. A trave do gol se move; o alvo salta para o lado. E antes que nos demos conta, ficamos desencorajados, distraídos e subjugados.

Era assim que eu (Seb) pensava a respeito de minha vida depois que meu filho nasceu! Instintivamente, eu estava tentando aliviar a pressão que estava sentindo, ao pensar em fugir de uma das obrigações que Deus tinha me dado. "Vou simplesmente negligenciar o meu trabalho." Eu havia me convencido de que falhar seria necessário para ser fiel a Deus em outras áreas de minha vida. Mas eu estava errado. Todas essas obrigações nos foram dadas por Deus. Portanto, podemos estar certos de que ele quer que sejamos fiéis e, crescendo nessa medida, sejamos também frutíferos.

Não devemos nos enganar com o pensamento de que existe uma solução "de tamanho único" para tudo isso. Se apenas tivéssemos uma lista divina de coisas a fazer, poderíamos fazer isso com bem mais facilidade. Mas não temos. Em vez disso, Deus simplesmente nos deu parâmetros gerais sobre o que parece "demais" (idolatria) e sobre o que parece "de menos" (indolência). E ele nos chama para exercermos a sabedoria piedosa para descobrir quando e onde o fato de fazermos mais investimentos produzirá frutos mais abundantes.

Com isso em mente, eis alguns conselhos práticos para guiar os seus pensamentos.

1. Determine o que significa ser fiel em cada uma de suas obrigações. Faça uma descrição de atividades para cada uma das obrigações que o Senhor lhe deu na vida. O que significa ser fiel em sua vida familiar, em sua vida na igreja e em sua vida no trabalho? O mundo tem suas próprias ideias a respeito de como o "padrão mínimo" deve ser em cada uma dessas atividades. Como crentes, devemos definir essas ideias a partir da Bíblia, à medida que elas se entrelaçarem com as nossas circunstâncias específicas.

2. Avalie a si mesmo no que diz respeito a cada uma dessas obrigações e em relação ao que significa ser fiel nelas. Faça perguntas para você mesmo. Se você tem muito tempo livre, por que isso acontece? Você está sendo infiel em alguma de suas obrigações? Você está falhando em investir em alguma área na qual você poderia maximizar seus frutos? Por outro lado, se você está lutando só para sobreviver, por que isso está acontecendo? Sua profissão é muito difícil para você? Você está tentando chegar no topo com muita rapidez? Você está dizendo sim para muitas oportunidades de serviço na igreja? Você está sendo fiel no descanso, conforme Deus lhe ordenou fazer? Alguma de suas obrigações se tornou um ídolo para você? Um autoexame como esse não tem de ser solitário. Se você for casado, peça ao seu cônjuge para ajudá-lo nesse exame. Caso contrário, peça ajuda a um amigo que o conheça bem. Não se deixe enganar com o pensamento de que isso é simplesmente uma questão de horas gastas. Não é. Você pode gastar menos horas no trabalho e ainda assim ser completamente desconectado de sua família no quesito emocional, porque você transformou o seu trabalho em um ídolo e permitiu que ele dominasse sua mente.

3. Arrependa-se de qualquer pecado que você descobrir. Se você descobriu que está sendo indolente em uma ou mais de suas obrigações, arrependa-se. Olhe de novo para aquilo que você escreveu acerca do que as Escrituras dizem ser o padrão de fidelidade e esteja determinado a alcançá-lo, começando imediatamente! Ao mesmo tempo, se você descobrir que uma de suas obrigações se tornou um ídolo, arrependa--se disso também. Lembre-se! essas coisas tendem a aparecer em pares. A indolência em uma área geralmente aponta para a idolatria em outra, e vice-versa. No entanto, seja o que for que você venha a descobrir, eis a questão: identifique como você tem superenfatizado ou negligenciado uma ou mais de suas responsabilidades. Faça os ajustes rapidamente para que ela volte a se alinhar com sua responsabilidade primordial de seguir e honrar a Jesus.

4. Considere as áreas de suas obrigações nas quais você poderia evoluir para produzir mais frutos. Existe alguma área específica na qual você pode investir um pouco mais de tempo e energia para aumentar seus frutos? Por exemplo, talvez seja a hora de considerar a liderança de algum ministério em sua igreja ou de se tornar um líder de estudo bíblico. Talvez você tenha conseguido desenvolver alguma flexibilidade em seu trabalho, de modo que possa usar isso para gastar um tempo extra com seu cônjuge. Talvez tenha chegado o momento em que você pode finalmente considerar se candidatar para aquela promoção. Ou, talvez não haja margem para isso tudo. Contanto que você esteja sendo fiel em todas as suas obrigações, não há necessidade de se sentir culpado. Se sua vida está cheia, então sua vida está cheia. Viva com fidelidade a cada dia e confie em Deus para abrir espaço em sua vida quando ele quiser fazer isto!

CONCLUSÃO

Circunstâncias diferentes exigem estratégias diferentes e decisões diferentes. Por essa razão, avaliar sua vida e obrigações deve ser mais do que algo que você faz uma vez na vida, outra na morte. Você deve fazer isso regularmente, desse modo você poderá se certificar de que não perdeu de vista o que signifi-

Como Manter o Equilíbrio Entre o Trabalho, a Igreja e a Família?

ca ser fiel em todas as suas áreas de responsabilidade. Evite o erro de olhar para vida de outra pessoa e de julgar sua vida por esse padrão. O padrão de fidelidade definido nas Escrituras pode ser parecido para pessoas diferentes, mas você não pode apenas olhar para a decisão de um amigo seu de investir tempo extra como presbítero da igreja e concluir que a fidelidade exige que você faça o mesmo. Ela não exige. Uma vez que você compreenda as diferenças entre indolência, fidelidade, gerar mais frutos e idolatria você será capaz de se poupar de uma carga desnecessária de culpa.

Deus designou a nossa vida de modo que as nossas várias obrigações não sejam independentes umas das outras. Naufragar em uma área geralmente significa naufragar em outras. Mas se estivermos sendo fiéis em todas as nossas obrigações, podemos estar confiantes de que todas as coisas agirão conjuntamente, num belo ciclo virtuoso para aumentar os nossos frutos para além dos limites. Por exemplo, no trabalho você aprende a ajudar clientes insatisfeitos ao mesmo tempo em que trabalha na igreja para preservar a unidade, respondendo às perguntas e às preocupações dos seus colegas membros. A habilidade que você desenvolveu numa área o ajudará em outras. Os frutos aumentam em toda parte!

Na verdade, a ideia de equilíbrio talvez não seja a maneira correta de pensar a respeito disso afinal. As obrigações que Deus nos deu *realmente* não estão em conflito umas com as outras. Elas não podem estar, porque todas foram dadas por um Deus infinitamente sábio. Todas as nossas obrigações são apenas parte de nossa responsabilidade primordial de seguir e honrar a Jesus. Mantenha isso em mente e você será capaz de evitar tanto a indolência quanto a idolatria. E você também avançará na produção de frutos à medida que o Senhor lhe der capacidade para fazê-lo. O mais importante é que isso será para a glória daquele para quem você trabalha, de fato, o Rei Jesus!

1. Leia e reflita: Mateus 6.25-34; 2 Tessalonicenses 2.14; João 17.6; Efésios 2.10; Efésios 6.4; Efésios 5.22,25; Hebreus 10.24-25; 1 Coríntios 3.5-9; 1 Tessalonicenses 4.10-12; Efésios 4.28; Provérbios 23.4.
2. Pense em um exemplo de sua vida (ou da vida de um amigo) com relação às consequências de ser chamado para *algo*, em vez de ser chamado para *Alguém*. Que fruto essa confusão gera?
3. Quais são as boas responsabilidades que Deus lhe deu (igreja, família, relacionamentos, trabalho, etc.) que você é mais tentado a priorizar acima dele? Como os seus amigos crentes o ajudam a conter essa tendência?

4. Você tem expectativas realistas acerca do que seria ser fiel em seus relacionamentos com a família, com os membros da igreja e com os colegas? Encontre um amigo crente nesta semana para discutir isso com você. Façam um ao outro algumas perguntas que requeiram raciocínio a respeito desses relacionamentos.
5. Jesus o chamou em primeiro lugar para ser um discípulo dele. Você tem permitido de alguma maneira que as boas responsabilidades o impeçam de gastar tempo com ele? Isso tem causado impacto em seu crescimento espiritual?
6. Como o fato de almejar a fidelidade e os frutos diferem da busca pelo equilíbrio?

Capítulo Sete

Como Lidar com Chefes e Colegas de Trabalho Difíceis?

Você gosta do seu chefe? E dos seus colegas de trabalho? A coisa mais difícil em nosso emprego pode ser as pessoas com as quais devemos trabalhar. Não é como se esses relacionamentos pudessem ser considerados insignificantes. Trabalhar com pessoas desafeiçoadas, injustas, irracionais, impiedosas ou incompetentes pode facilmente transformar uma semana comum numa semana dolorosa e frustrante.

Mas sejamos honestos. A dificuldade que percebemos com os nossos colegas de trabalho, chefes ou patrões geralmente não tem muito a ver com eles, e sim conosco. Se reiteramos alguma coisa neste livro é o fato de que todos nós temos a tendência de pensar de forma pecaminosa e egoísta a respeito de nosso trabalho — uma tendência que se estende não só às tarefas que realizamos, mas também às pessoas com quem trabalhamos.

Se transformarmos o trabalho em um ídolo, perceberemos o nosso chefe como um obstáculo e os nossos colegas de trabalho como competidores. A forma como percebemos e tratamos os nossos colegas de trabalho depende do fato de eles estarem facilitando o nosso caminho na direção do alvo ou não. Nosso chefe? Ele tem o nosso emprego. Meus colegas de trabalho? Eles querem o meu lugar. E se nos tornarmos indolentes em nosso trabalho, trataremos o nosso chefe com desdém e os nossos colegas de trabalho se tornarão a ouvidoria de nossas reclamações.

É provável que o quadro que estamos traçando aqui seja um tanto rígido para ambos os casos. Os nossos pecados nem sempre se mostram tão fáceis de identificar. Entretanto, se formos sinceros com nós mesmos, a descrição dada aqui talvez reflita com precisão o fruto amargo de qualquer idolatria ou indolência que habite em nosso coração. Pensamentos ímpios acerca do trabalho levam a pensamentos ímpios a respeito de nossos colegas de trabalho.

O ponto de vista bíblico do qual temos falado neste livro desafia e confronta as nossas atitudes pecaminosas em relação aos nossos colegas de trabalho. O conceito bíblico nos ensina a pensar neles não como obstáculos ou competidores, mas como *pessoas* — pessoas feitas à imagem de Deus e amadas por ele. Em resumo, ele nos liberta para amar o nosso próximo como amamos a nós mesmos, num lugar onde o amor é, de modo geral, radicalmente escasso — no local de trabalho.

SERVIÇO MOTIVADO PELA FÉ

Temos falado principalmente a respeito de como o evangelho transforma a nossa forma de pensar no trabalho diário que fazemos em nosso emprego. Mas o evangelho também molda a nossa forma de pensar sobre as pessoas com quem trabalhamos. Uma vez que percebamos que trabalhamos para Jesus e que a nossa responsabilidade primordial é seguir a ele, então entenderemos que nosso trabalho não mais diz respeito a nós. O nosso trabalho se torna uma arena para adorar e dar honras a Deus. E adivinhe? A segunda forma mais importante de fazermos isso — logo após amarmos a Deus — é amando as pessoas, conforme o próprio Jesus.

Olhemos mais uma vez para aquela passagem familiar de Colossenses, por meio de uma lente um pouquinho mais ampla. Paulo escreve essas palavras em Colossenses 3.22-4.1:

> Servos, obedecei em tudo ao vosso senhor segundo a carne, não servindo apenas sob vigilância, visando tão somente agradar homens, mas em singeleza de coração, temendo ao Senhor. Tudo quanto fizerdes, fazei-o de todo o coração, como para o Senhor e não para homens, cientes de que recebereis do Senhor a recompensa da herança. A Cristo, o Senhor, é que estais servindo; pois aquele que faz injustiça receberá em troco a injustiça feita; e nisto não há acepção de pessoas. Senhores, tratai os servos com justiça e com equidade, certos de que também vós tendes Senhor no céu.

Como essa passagem lança luz sobre os nossos relacionamentos com os nossos colegas de trabalho? Paulo fala sobre escravos e senhores, não de empregados e patrões, mas os princípios que formam a base da aplicação dessa mensagem são os mesmos. O modo como tratamos as outras pessoas deve ser saturado com uma percepção vívida de que Deus está nos observando!

Pelo fato de estarmos aplicando essa passagem, que fala sobre a escravidão, aos nossos relacionamentos no local de trabalho de hoje, devemos fazer uma pausa por um momento e reconhecer que é um tanto desconfortável nos depararmos com passagens do Novo Testamento que parecem considerar a escravidão como um fato dado, em vez de nos chamar para sua destruição imediata. Esse desconforto tem levado muitas pessoas a destacar que a escravidão romana era bem diferente da escravidão do Império Britânico e da dos Estados Unidos. Há alguma verdade nessa declaração. Existem diferenças históricas importantes entre essas escravaturas. Entretanto, permanece o fato de que a escravidão romana não era um relacionamento normal do dia a dia entre empregador e empregado. Era um sistema injusto de trabalho forçado, geralmente cruel e, às vezes, letal.

Podemos questionar por que os escritores do Novo Testamento parecem aceitar a existência da escravidão. Poderíamos falar muito sobre isso, e muitos livros têm sido escritos sobre esse assunto. Uma das razões é porque o alvo de Jesus e dos apóstolos era simplesmente mais profundo do que a reforma de um sistema social. Eles estavam concentrados na raiz do problema — o estado pecaminoso do coração humano. O fato é que o sistema injusto não era a raiz do pecado da escravatura, e a simples mudança do sistema não resolveria o problema em qualquer percepção de longo prazo. O coração humano pecaminoso logo encontraria outra maneira de oprimir os outros, mesmo que o sistema de escravidão romano fosse eliminado. Portanto, isto era o que Jesus e os apóstolos almejavam: o coração humano — não importando qual fosse o sistema ao qual ele tivesse de se submeter.

Desse modo, quando Paulo ou outro escritor do Novo Testamento falam acerca da escravidão, nós reconhecemos que eles estão falando sobre um sistema que, de alguma forma, foi removido dos nossos relacionamentos atuais entre empregador e empregado, no local de trabalho. Mas os princípios que eles defendem permanecem importantes, porque eles estão aplicando a verdade do evangelho à raiz do problema — a condição pecaminosa de nosso coração. Todos nós temos relacionamentos nos quais somos chamados para servir alguém. E todos nós precisamos ser desafiados, porque o nosso coração se rebelará inevitavelmente contra isso.

Nessa passagem, Paulo nos desafia a pensar a respeito de nossas responsabilidades, como cristãos, de *servir àqueles que exercem autoridade sobre nós*. Se nós somos empregados, então, mesmo que o contexto seja diferente do sistema de escravidão romano, a maior parte daquilo que Paulo diz aos escravos se aplica a nós imediatamente. Uma das maneiras pelas quais nós fomos chamados para honrar a Jesus é dando a nós mesmos pelo bem dos outros. O nosso chefe é um desses outros. Paulo nos persuade a obedecer àqueles que estão em posição de autoridade sobre nós "em todas as coisas". Embora esse mandamento certamente não inclua coisas pecaminosas, ele *realmente* inclui coisas absurdas. O nosso chefe pode nos dar tarefas que, em nossa opinião, são idiotas, mas a menos que ele nos peça para fazer algo pecaminoso, devemos obedecer. Além disso, devemos fazê-lo "em singeleza de coração, temendo ao Senhor". É isso que honrará a Jesus.

E a nossa obediência também não tem nada a ver com o fato de nosso chefe estar nos observando ou não. Por quê? Porque muito mais importante do que o fato de nosso chefe estar com os olhos em nós é o fato do qual não podemos escapar: que *Deus está nos observando*! Sempre. O que quer que façamos, devemos fazer com sinceridade e com todo o nosso coração, sabendo que Deus está vendo. O olhar dele deveria nos dar mais motivação do que um relatório trimestral de avaliação de desempenho jamais pôde dar.

Paulo traz esse mesmo princípio para apresentar àqueles que possuem autoridade sobre outros. Assim como um empregado deve se lembrar de que Deus o está observando, o empregador também deve. Paulo escreve: "Senhores, tratai os servos com justiça e com equidade, certos de que também vós tendes Senhor no céu". Entretanto, isso diz respeito a mais do que dar um pagamento justo; diz respeito a um *tratamento* justo. Se tratarmos os nossos empregados com desrespeito e grosseria, podemos estar certos de que o nosso Senhor no

Como Lidar com Chefes e Colegas de Trabalho Difíceis?

céu estará vendo isso. Se os tratarmos com bondade, gentileza, amor e paciência, podemos ter certeza de que ele também estará vendo.

Uma perspectiva centrada no evangelho em nosso trabalho transforma a forma como pensamos a respeito de nosso chefe, bem como a forma como pensamos acerca de nossos colegas de trabalho. Trabalhamos basicamente para Jesus e devemos perceber a nossa responsabilidade primordial em nosso trabalho como um serviço motivado pela fé. Trabalhamos para amar a Jesus e trabalhamos para servir aos outros. Mesmo que os nossos chefes sejam difíceis de lidar e os nossos colegas de trabalho sejam maldosos, somos chamados para servi-los, porque isso traz honra ao nosso Rei.

Então, o que significa ser um servo motivado pela fé no local de trabalho? Podemos identificar várias marcas de um trabalhador cujo serviço é definido pela fé em Deus e pelas boas novas do evangelho.

Marca #1: Determinação para não reclamar

Não reclamar no trabalho é um testemunho raro e poderoso. As reclamações tendem a ser a moeda comum no âmbito do trabalho. Por essa razão, alguém se destaca quando não fala *reclamação* como a sua língua materna; o efeito pode ser espantoso. Veja o que Paulo escreve em Filipenses 2.14-16:

> Fazei tudo sem murmurações nem contendas, para que vos torneis irrepreensíveis e sinceros, filhos de

O Evangelho no Trabalho

Deus inculpáveis no meio de uma geração pervertida e corrupta, na qual resplandeceis como luzeiros no mundo, preservando a palavra da vida.

Veja cuidadosamente onde tudo isso começa — com a exortação para "fazermos tudo sem murmurações nem contendas". Isso é bem pouco notável, não é? Mas agora veja onde isso acaba. Se nos abstermos de reclamar ou discutir, "resplandeceremos como luzeiros no mundo"! E "preservaremos a palavra da vida"! Esses são alguns dos grandes resultados surpreendentes de fazermos algo que soa tão simples: não reclamar.

Ninguém está dizendo que controlar as reclamações é fácil. Não é! É inacreditavelmente difícil. Nós naturalmente desejamos que os outros saibam quando as nossas circunstâncias pessoais são exclusivamente ruins e, portanto, especialmente dignas de reclamação. Mas o serviço motivado pela fé, no local de trabalho, significa sermos marcados por um espírito de determinação obstinado para não murmurar, não reclamar.

Marca #2: Submissão alegre à autoridade
Se a primeira marca tinha a ver com colocar um freio na nossa língua, essa atinge o coração. Contanto que os chefes não estejam pedindo para que pequemos, devemos obedecer àqueles que têm autoridade sobre nós com "singeleza de coração" (Colossenses 3.22), não com um sorriso falso e um coração explodindo de raiva.

É fácil nos submetermos quando o nosso chefe é um modelo de bondade, respeito e boa vontade. Mas quando o nosso chefe é um completo ignorante, arrogante e egomaníaco, o modo como reagimos revela o nosso coração — se realmente estamos trabalhando para Jesus.

Um amigo nosso uma vez trabalhou para um chefe que era completamente brilhante em sua profissão. Mas ele também era ganancioso, irritante e verbalmente abusivo com seus empregados. Ele gritava com seus empregados regularmente pela menor das infrações. Teria sido bem fácil para o nosso amigo começar uma guerra de atritos contra aquele homem — criticá-lo em frente dos colegas, sabotar seus projetos e até mesmo passar informações delicadas para as empresas concorrentes. Em vez disso, ele decidiu tomar um rumo diferente por causa de suas convicções cristãs. Em vez de rebater, ele decidiu "obedecer... com singeleza de coração" (Colossenses 3.22), reconhecendo que era Jesus quem o havia posto naquele emprego, naquele momento de sua vida e, por essa razão, ele podia trabalhar com "todo o coração", como se estivesse trabalhando "para o Senhor" e não para um ignorante (Colossenses 3.23). Ele trabalhava com empenho para ter certeza de que falaria bem de seu chefe para os de fora. Ele protegia a reputação de seu chefe, guardava cuidadosamente os segredos da empresa e sempre tentava demonstrar o máximo respeito por seu chefe. Ele orava para que aquele homem se arrependesse de seu pecado e confiasse em Jesus para a salvação.

Infelizmente, essa história não teve um final feliz e bom. Aquele homem não se converteu e não houve nenhuma reviravolta dramática. O nosso amigo nem mesmo tinha a certeza de que seu chefe notava o seu comportamento. Mas a questão não é se o chefe dele havia notado; e, sim, o fato de que *Deus* notou. Seja lá qual for a razão, Deus havia escolhido colocar o nosso amigo naquele emprego, naquela época de sua vida. E o nosso amigo buscou honrar ao Rei pelo tempo que o Rei designou que ele ficasse ali. Ele não agiu assim porque seu chefe era digno de seu bom serviço. Longe disso! Mas Jesus, o Rei, *era* digno — infinitamente digno. O serviço para Cristo, nesse caso, significava o serviço para um ignorante.

"Servos, obedecei em tudo ao vosso senhor segundo a carne, não servindo apenas sob vigilância, visando tão somente agradar homens, mas em singeleza de coração, temendo ao Senhor" (Colossenses 3.22).

Se você estiver lutando com uma situação difícil com um chefe ou colega de trabalho, tente fazer isto: comece orando por essa pessoa todos os dias. Ore pela família, pelos relacionamentos, pelas circunstâncias e pelos desafios dela. Ore pela salvação dessa pessoa. Ore também para que você seja capaz de trabalhar para ela (ou com ela), não só com resignação, mas com singeleza de coração.

O serviço motivado pela fé, no local de trabalho, significa sermos marcados pela submissão alegre à autoridade, mesmo quando isso não for divertido e até mesmo quando isso for injusto.

Marca #3: Humildade não fingida

Não são poucos os problemas no trabalho que brotam do sentimento de que aquilo que nos pediram para fazer não está à nossa altura. "Não deveriam me pedir para fazer isso", pensamos. "Tenho muito mais valor do que isso!". Verdade? Que lugar esse tipo de pensamento deve ter na vida de um cristão? Afinal de contas, se somos seguidores de Jesus, devíamos esperar fazer uma porção de coisas que não condizem exatamente com o nosso "status". Não é? Não foi isso que o próprio Jesus fez? Pense a respeito de como Paulo descreve a obra de Jesus em Filipenses 2.5-8:

> Tende em vós o mesmo sentimento que houve também em Cristo Jesus, pois ele, subsistindo em forma de Deus, não julgou como usurpação o ser igual a Deus; antes, a si mesmo se esvaziou, assumindo a forma de servo, tornando-se em semelhança de homens; e, reconhecido em figura humana, a si mesmo se humilhou, tornando-se obediente até à morte e morte de cruz.

Não importa o quão importante pensemos que somos, e não importa o quão humilde seja a tarefa a qual fomos chamados a fazer, nós *nunca* — nunca, nunca, nunca — descemos tão baixo quanto Jesus desceu para nos salvar. A Bíblia ensina de forma enfática que os seguidores de Jesus devem ser pessoas marcadas por uma humildade visível. Eles não devem ter um conceito muito elevado a respeito de si mesmos. Eles devem considerar os outros mais importantes do que eles mesmos. Devem ter em si mesmos, o mesmo sentimento que houve em Jesus Cristo. Embora ele fosse Deus, tomou a forma de um servo e tornou-se obediente até a morte.

Uma vez que tomemos a cruz para seguir a Jesus, o "status" deixa de ter o valor que antes possuía. Quando encontramos o nosso valor no trabalho de Cristo e a nossa identidade nele, percebemos que somos livres para servir em qualquer papel e competência que ele possa ter para nós. Podemos estar confiantes de que ele sabe exatamente o que está fazendo com o nosso tempo e talento. No final, esse trabalho simplesmente não pode estar aquém da nossa altura, já que ele vem das mãos do Rei.

O serviço motivado pela fé, no local de trabalho, significa sermos marcados por uma humildade não fingida, que nos leva a seguir as pegadas do autoesvaziamento de nosso Rei.

Marca #4: Uma Competitividade Piedosa

Outro problema constante no local de trabalho vem das ambições conflitantes. Queremos a mesma coisa que outra pessoa quer, e isso nos força a uma competição impiedosa com os nossos colegas de trabalho, à desconfiança de nossos patrões e até a ter inveja de nosso chefe. Essa é uma ambição provocadora.

Como crentes, o evangelho nos liberta da necessidade de competir com nossos colegas de maneira ímpia. Ele reorganiza e regenera as nossas ambições. Em vez de sermos levados a supervalorizar a nós mesmos, somos levados a supervalorizar Jesus em tudo quanto fazemos.

Será que isso significa que nunca devemos competir com os outros? Sejamos bem francos. A competição não é algo ruim. Ser cristão não significa apenas termos de nos curvar em reverência e abrir caminho para que todos possam passar por nós. Não é a competição que a Bíblia proíbe, mas sim o *cenário mundano* de competição — a mentalidade impiedosa que diz que a única maneira de subir na vida é rebaixando as outras pessoas. O nosso alvo como crentes é competir com nossos colegas de trabalho e amá-los ao mesmo tempo. E como fazemos isso?

Competimos ao trabalhar em tudo quanto fizermos com todo o nosso coração, não depreciando e sabotando os esforços dos nossos colegas de trabalho. *Devemos competir*, mas competir com honra. Devemos ganhar por correr mais rápido, não por fazer com que os outros competidores tropecem. Além disso, devemos encorajá-los a correr mais rápido também. Devemos ajudá-los a perceber em que áreas eles podem melhorar o seu trabalho e parabenizá-los quando eles progredirem.

O serviço motivado pela fé significa ter um espírito de competitividade piedosa, trabalhando com empenho, como para o Senhor, em vez de rebaixar os outros.

CONCLUSÃO

Tal como acontece com muitas das coisas que discutimos neste livro, não existe qualquer fórmula mágica para lidar com chefes e colegas de trabalho difíceis. Mas, às vezes, a mudança de perspectiva pode levar a uma mudança de coração, o que transforma tudo. Se você tem pensado em seu chefe como um obstáculo para o avanço de sua carreira, ore e peça a Deus para ajudá-lo a perceber essa pessoa como alguém que Deus deseja que você sirva. Depois, vá e faça isso. Trabalhe de bom grado, não de má vontade. Pare de reclamar e de ficar com a cara virada. Seja humilde. Encoraje.

Semelhantemente, se você têm estado em conflito com seus colegas de trabalho, ore e peça a Deus para ajudá-lo a perceber que você foi chamado para servi-los. Depois, de novo, vá e faça isso. Trabalhe muito. Ofereça-se para tirar algumas tarefas das mãos deles. Faça alegremente as tarefas que ninguém, de fato, deseja fazer, e não seja um mártir em relação a isso. Ame-os, encoraje-os e sirva-os, não porque eles merecem isso de você, mas porque você também não merece isso de Jesus!

O nosso local de trabalho pode ser um lugar gloriosamente santificador para nós. Conflitos, pessoas difíceis em posição de autoridade e colegas de trabalho competitivos são apenas algumas das coisas que Deus usa para nos moldar e nos transformar em pessoas que refletem Jesus, as quais ele quer que sejamos. Não fique ofendido se ele colocar essas coisas em sua vida neste momento. Descubra como ele quer que você reaja a essas circunstâncias, a fim de torná-lo mais semelhante a Jesus. Lembre-se! Você está em seu trabalho não só para pagar as contas e não só para progredir em sua carreira. Você está lá para servir a Jesus. Aprenda a servir e a amar aos outros — quer eles mereçam ou não.

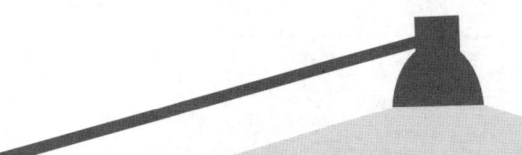

1. Leia e reflita: Colossenses 3.22-4.1; Filipenses 2.5-8, 14-16.
2. Devido ao fato de sermos pecadores, não é natural que não reclamemos, que nos submetamos alegremente ou que nos humilhemos de verdade. Qual das marcas citadas neste capítulo você acha que é a mais difícil? Por quê? Peça a Deus que transforme o seu coração para ser fiel a ele e para honrá-lo por meio do seu trabalho.
3. O que a submissão de Jesus às autoridades pecadoras, imperfeitas e terrenas nos ensina acerca da nossa própria submissão aos chefes, gerentes e diretores imperfeitos, no trabalho?
4. Quem são as pessoas mais difíceis de amar em seu local de trabalho? Você já orou por elas? Elas sabem que você é crente? Você se justifica por não amá-las?
5. Quais são algumas formas práticas de amar e servir o seu chefe ou os seus colegas de trabalho nesta semana?
6. Você trabalha com algum outro crente? Se a resposta for sim, considere o fato de encontrar-se com ele para criar estratégias sobre como vocês podem encorajar um ao outro e ser testemunhas animadas de Deus em seu local de trabalho.

Capítulo Oito

O Que Significa Ser um Chefe Cristão?

O tema "liderança" tem atraído mais a atenção do mundo do que qualquer outro assunto do qual trataremos neste livro. Uma busca por livros de liderança no Amazon produz aproximadamente 86.000 resultados. Com toda a certeza, alguns desses livros são genuinamente bons. Deus não reservou todas as respostas sábias e todos os conselhos úteis acerca desse tema só para os crentes. Inúmeros autores que escrevem e falam sobre liderança estão dizendo algumas coisas verdadeiramente boas e úteis: *Seja humilde e carismático. Amplie sua visão. Inspire seus seguidores, crie motivação, ajuste os alvos, desenvolva equipes. Persevere contra disputas alarmantes. Seja moralmente disciplinado.* Todos esses são bons conselhos!

Um dos nossos autores favoritos na questão de liderança é Jim Collins, autor do livro *Empresas Feitas para Vencer* (Hsm Editora: São Paulo, 2013). A principal diferença que ele observa entre uma empresa boa e uma empresa ótima é a pessoa que a lidera. Os líderes de empresas ótimas lideram por meio de uma mistura paradoxal de humildade pessoal e vontade profissional. Eles têm um compromisso profundo de ver a empresa ser bem-sucedida, mas esse compromisso não se relaciona com seu próprio legado pessoal ou com sua próspera conta bancária. Como crentes, podemos tanto afirmar essa definição de líder quanto almejá-la. Ao que parece, ela é, de fato, uma definição muito boa. Sendo assim, o que é diferente em relação ao exemplo de liderança que temos na Bíblia?

Como crentes, nós compreendemos que a autoridade que possuímos sobre os outros não é inerente a nós. Ela não vem de nosso chefe ou de nossa empresa, nem vem do simples fato de que o sustento deles depende de nós, em alguma medida. Não; seja qual for a autoridade que tenhamos, ela vem de Deus. Por essa razão, temos a obrigação de exercer a nossa autoridade, não apenas para o bem da empresa, mas também para o bem daqueles sobre quem temos autoridade. Não importa o quanto a nossa posição seja elevada em nossa organização, toda autoridade que temos sobre outras pessoas nos foi dada por Deus. O "Ama a teu próximo como a ti mesmo" deve estar em ação até mesmo na cadeira do chefe.

Nós podemos facilmente nos ver caindo na idolatria e na indolência quando se trata de autoridade. Se fizermos do nosso trabalho um ídolo, no final das contas acabaremos *usando* os nossos empregados. Longe de amá-los e de cuidar deles como pessoas, nós os recrutaremos para a nossa missão de encontrar a satisfação absoluta em nossas próprias realizações. Eles se tornarão um pouco mais do que soldados de infantaria em nossa ávida busca pelo nosso bem. No caso contrário, quando nos tornamos indolentes em nosso trabalho, nós acabamos negligenciando e desmoralizando aqueles a quem lideramos. Seremos desatentos e descompromissados. Em vez de ajudar os nossos empregados a perceberem os propósitos de Deus em seu próprio trabalho, acabaremos comunicando que nós não nos importamos muito com aquilo que eles estão fazendo e que nem Deus se importa.

PRINCÍPIOS DA AUTORIDADE

Não é assim que queremos liderar os nossos empregados! Afinal, o Rei Jesus nos pôs para liderar nessa época de nossas vidas. Por essa razão, devemos fazer isso de um modo que o honre — o que significa cuidar dos nossos empregados e amá-los. Devemos ensiná-los a respeito da autoridade do próprio Deus e de seus propósitos para eles em seu trabalho. Isso só é possível quando temos uma profunda compreensão acerca do que é a autoridade, de onde ela vem e como pode ser ela usada de uma maneira piedosa. Pensemos nisso em termos de seis princípios de autoridade ensinados na Bíblia.

Princípio #1: A Autoridade Vem de Deus
Tudo vem de Deus. Deus criou os seres humanos e lhes designou a tarefa de governar e sujeitar a terra. Em Gênesis 1.28, lemos: "E Deus os abençoou e lhes disse: Sede fecundos, mul-

tiplicai-vos, enchei a terra e sujeitai-a; dominai sobre os peixes do mar, sobre as aves dos céus e sobre todo animal que rasteja pela terra". O fato de a humanidade ter sido situada no topo da ordem criada não foi só por uma questão de força nata ou de inteligência; mas por uma questão de concessão divina de autoridade. Adão e Eva deveriam exercer essa autoridade do modo como Deus queria que eles exercessem. Eles deveriam cultivar o jardim, não destruí-lo. Deveriam dar nomes aos animais e governá-los, não dominá-los com crueldade.

O mesmo é verdade para qualquer autoridade que Deus tenha nos dado. Ela não é nossa por direito, mas por uma concessão divina. Por essa razão, devemos usar essa autoridade para o bem daqueles sobre quem nós a usamos, não apenas para os nossos próprios objetivos. Ela realmente é uma questão de obediência fiel ao Rei, mas ela também transmite ao mundo ao nosso redor como é o nosso Rei. Quando usamos bem a autoridade, demonstramos para os nossos empregados e para todo mundo ao nosso redor que a autoridade é basicamente uma coisa boa, que ela vem de um Deus que exerce autoridade com amor e justiça perfeitos. O modo como usamos a autoridade, portanto, diz na verdade mais a respeito do Deus a quem servimos do que a respeito de nós mesmos.

Princípio #2: A Autoridade Deve Servir e Abençoar os Outros

A Bíblia ensina repetidas vezes que o sábio exercício da autoridade leva bênçãos para aqueles que estão debaixo dela. A autoridade de José, no Egito, capacitou a nação a resistir a sete anos de seca e escassez absolutas. Neemias utilizou sua autoridade entre os exilados que retornavam a Jerusalém para completar os muros que os defenderia de seus inimigos. Até mesmo as últimas palavras registradas do rei Davi, em 2 Samuel 23.3-4 são um apelo para que os reis que viessem após ele exercessem a autoridade real de modo justo.

> Aquele que domina com justiça sobre os homens, que domina no temor de Deus, é como a luz da manhã, quando sai o sol, como manhã sem nuvens, cujo esplendor, depois da chuva, faz brotar da terra a erva.

Vamos supor que não somos nem o vice-regente de faraó nem um Rei, mas o princípio é o mesmo para nós: a autoridade exercida de modo justo leva ao florescimento. Quando usamos a autoridade para edificar e não para derrubar; para acertar os erros e não para perpetuá-los; para encorajar e não para tiranizar; para trabalhar para o bem do outros e não apenas para o nosso próprio; os resultados serão luz e vida em nosso local de trabalho. Leia as palavras de Davi novamente: "Aquele que [gerencia os seus empregados] com justiça, que [lidera sua empresa] no temor de Deus, é como a luz da manhã, quando sai o sol, como manhã sem nuvens". Simplesmente não há tantos patrões como esse no mundo. Os seguidores do Rei Jesus, no entanto, devem ser assim.

O Evangelho no Trabalho

Princípio #3: A Autoridade Não Pode Ser Abusiva

A maioria das pessoas do mundo ao nosso redor pensa na autoridade como algo ruim e terrível, algo a ser evitado de todas as maneiras possíveis. Existem evidências suficientes que provam que onde há autoridade é bem provável que haja abuso dela, às vezes, um terrível abuso. Mas não foi assim que Deus planejou desde o princípio. Quando Adão e Eva pecaram, o mundo caiu, e a autoridade decaiu com ele. De modo que, nós, seres humanos — todos nós — somos, por natureza, pecadores egoístas. Todas as coisas, inclusive a autoridade que exercemos, tornaram-se uma ferramenta para edificarmos a nós mesmos e para devastar os outros. Jesus compreendeu isso. "Sabeis", disse ele, "que os governadores dos povos os dominam e que os maiorais exercem autoridade sobre eles" (Mateus 20.25). É assim que a maioria pensa acerca da autoridade. Presumimos que aqueles que estão em posição de autoridade a usarão para dominar, oprimir e até mesmo para abusar de nós. Lamentavelmente, num mundo de pecado, com frequência esse é o caso.

Mas, então, olhemos para o que Jesus diz logo após isso: "Não é assim entre vós" (Mateus 20.26). Devemos reconhecer e rejeitar o abuso de autoridade pecaminoso do mundo e determinar o exercício da autoridade para o bem, conforme Deus planejou. Isso requer uma vigilância constante. Guarde o seu coração. Esteja certo de que você não está escorregando para os padrões mundanos de dominar sobre os seus empregados, usando-os para os seus próprios objetivos. Não use para propósitos maus e egoístas aquilo que Deus planejou para ser uma fonte de luz e vida para os outros.

Princípio #4: A Autoridade Deve Imitar a Jesus
Por seguirmos a Jesus como Rei, devemos nos esforçar para exercer a autoridade assim como ele a exerce. Assim como Paulo escreve em Filipenses 2.5: "Tende em vós o mesmo sentimento que houve também em Cristo Jesus". O que isso significa? Significa que devemos nos pautar na "humildade, considerando cada um os outros superiores a si mesmo. Não tenha cada um em vista o que é propriamente seu, senão também cada qual o que é dos outros" (Filipenses 2.3-4). Afinal de contas, foi isso o que Jesus fez. Ele se humilhou por amor de nós — até a morte de cruz.

Se o Rei do universo se humilhou até a morte, buscando os nossos interesses em vez dos seus próprios, como poderíamos pensar que algo menos do que isso seria o suficiente para nós? Usemos a autoridade dada por Deus da mesma maneira que o Rei Jesus usa a dele.

Princípio #5: A Autoridade Deve Ser Sacrificial
Jesus usou sua autoridade real para o nosso bem eterno. Vemos esse mesmo princípio em seu ensino sobre a autoridade. Depois de dizer aos seus discípulos o que a autoridade não é (ou seja, dominar sobre as pessoas), ele lhes diz, em Mateus 20.26-28, o que a liderança deve ser:

O Evangelho no Trabalho

Pelo contrário, quem quiser tornar-se grande entre vós, será esse o que vos sirva, e quem quiser ser o primeiro entre vós será vosso servo; tal como o Filho do Homem, que não veio para ser servido, mas para servir e dar a sua vida em resgate por muitos.

Líderes piedosos servem aos outros. Eles prestam atenção aos outros e trabalham para o bem deles. O serviço a Deus sempre custa caro. Às vezes, ele custará as nossas prioridades do dia. Custará o nosso tempo limitado. Talvez custe até algum lucro de nossa empresa. Mas isso é o que Jesus nos chama a fazer com a autoridade que ele nos deu — dar a nós mesmos pelo bem dos outros.

Princípio #6: O Uso Piedoso da Autoridade É Motivado Pelo Evangelho e Capacitado Pela Graça

Esperamos que você tenha compreendido essa verdade com muita clareza à medida que leu este capítulo. A única forma de sabermos como exercer a autoridade de modo correto é tomando o exemplo de nosso Rei. Porque ele se humilhou por amor de nós, fomos libertos de uma concepção de autoridade que só sabe dominar sobre os outros. A nossa identidade e recompensa não estão afinal ligadas ao nosso desempenho profissional, mas estão fundamentadas em Cristo. Fomos libertos de exercer a autoridade que só sabe usar as pessoas e conduzi-las como animais de carga rumo a um objetivo. O evangelho nos capacita a supervalorizar a Cristo, amando, servindo e abençoando os outros.

Isso não significa que decidimos de alguma forma que as realizações não são importantes. Não significa que não podemos incentivar uns aos outros com relação aos alvos de uma equipe ou mesmo corrigir e repreender empregados e colegas de trabalho quando eles não estão fazendo o trabalho. Mas significa, de fato, que quando incentivamos os nossos empregados e até quando os corrigimos, nós o fazemos não com pensamentos que visam a nossa própria glória e reputação, mas com benevolência e com uma preocupação amorosa e genuína pelo bem deles e pelo bem da equipe.

NA PRÁTICA, COMO PODEMOS LIDERAR E ADMINISTRAR BEM?

A estratégia mais importante para liderar bem é cultivar um coração que realmente quer fazer isso. Não há um substituto para *querer*. Se, no final das contas, não nos importamos com o modo como lideramos, então nenhum conjunto de táticas e dicas poderá nos tornar líderes piedosos e bons. Uma vez que a pessoa tenha cultivado um desejo genuíno de liderar como Jesus lideraria, é importante pensar a respeito do que essa vontade significará amanhã no trabalho. O que ela fará de diferente? O que jamais fará de novo? Não podemos dar todas as respostas para essas perguntas. Cada pessoa terá de exercitar muito esse tipo de pensamento por si só, trazendo para a sua própria situação os princípios discutidos aqui. Mas talvez possamos incentivar uma melhora nisso com algumas ideias que surgiram de nossas próprias tentativas de fazer bom uso da autoridade.

Uma ideia bem fácil e revolucionária é orar por aqueles que trabalham para você. Essa é uma das melhores coisas que eu (Seb) tenho feito pelas pessoas que trabalham para mim. Eu oro — quer elas sejam crentes ou não — para que tenham alegria em seu trabalho, para que ele não seja um fardo para elas e para que elas encontrem contentamento nele. Oro também por suas famílias e até mesmo por coisas específicas que sei que estão acontecendo na vida de seus familiares. Oro ainda por minha própria interação com elas, pelas áreas potenciais de conflito que possam surgir. Se eu tiver falado de forma desagradável, egoísta ou arrogante com elas, confesso isso e peço a Deus para me dar um coração que responda de forma altruísta e graciosa. E também oro para ter oportunidades de compartilhar o evangelho com elas. Existe alguma maneira melhor de amar os nossos empregados do que orando ao Rei especificamente por eles?

Também achei inacreditavelmente útil agendar encontros regulares com meus empregados, um a um. É quase com se fosse um discipulado com eles (ou às vezes nem tanto), não só como crentes, mas como trabalhadores e pessoas. Há muitos anos, comecei a tentar gastar trinta minutos da semana com cada pessoa que eu gerenciava. Eu lhes dava quinze minutos para falar sobre qualquer coisa que estivesse em sua mente, desde trabalho até família, e depois eu conversava quinze minutos com elas, sobre as coisas que eu tinha em mente — geralmente sobre o trabalho delas e sobre as prioridades. Também tentava lhes dar encorajamento e críticas piedosas quando necessário, tudo com a intenção de edificá-las como funcionários e pessoas. Sim, isso leva tempo, mas você logo começará a ver os frutos desse investimento de tempo na vida das pessoas com quem você se encontra.

Você pode desenvolver um relacionamento de mentoria com um ou mais de seus empregados. Bem poucos chefes no mundo estão dispostos a dedicar o tempo e o esforço necessários para servir como mentores daqueles que estão começando a carreira profissional. Os funcionários jovens estão famintos por aconselhamento profissional e pela sabedoria de crentes mais experientes e mais velhos, que possam ajudá-los a perceber como o evangelho deve causar impacto em sua vida no trabalho. Servir a funcionários mais jovens dessa maneira não tem de ser um compromisso para a vida toda. Concorde em encontrá-los algumas vezes e depois tome uma decisão sobre continuar a ter os encontros ou não. Ser o mentor de alguém de um modo profundo é uma oportunidade poderosa, não só para treinar e preparar a pessoa para uma responsabilidade maior, mas também para dar um modelo da cultura de generosidade que, no final, poderá afetar toda a sua organização.

CONCLUSÃO

Eu tenho de admitir. Gerenciar pessoas tem sido uma luta para mim (Seb) ao longo dos anos. Eu via os meus empregados simplesmente como um meio para os meus próprios fins, e eu os administrava como uma marreta administra uma rocha — eles estavam em meu caminho e eu precisava tirá-los da frente o mais rápido possível! Não é necessário dizer que essa mentalidade não servia muito para demonstrar a boa autoridade de Deus para eles.

Ao longo dos anos, pela graça de Deus, tenho visto um crescimento lento, mas firme, nessa área de minha vida; mas essa ainda é uma área de luta constante. E você? Você se esforça para usar sua autoridade para edificar os outros em seu local de trabalho? Você se recorda a cada dia que, seja qual for a autoridade que você tem, ela vem das mãos de seu Rei? Por essa razão, você busca exercer essa autoridade conforme ele a exerceria? Ou nada disso jamais passou pela sua mente?

Lembre-se que mesmo que você seja um chefe, você é um chefe que trabalha para Jesus. Comprometa-se novamente a exercer a autoridade que lhe foi dada por Deus de tal maneira que seu Rei seja honrado e reverenciado, mesmo entre aqueles com quem você trabalha.

1. Leia e reflita: Gênesis 1.28; 2 Samuel 23.3-4; Mateus 20.25-28.
2. Pense naquelas pessoas sobre as quais você exerce autoridade de modo formal ou informal. Pode ser um empregado ou um aprendiz. Como a sua vida

exemplificou fielmente — ou distorceu — a autoridade piedosa e recomendou o evangelho a essas pessoas?
3. A visão bíblica de autoridade é contracultural e radicalmente diferente do ponto de vista do mundo. Em sua opinião, quais são as diferenças mais importantes?
4. Você já teve ou deseja ter mais responsabilidade e autoridade em seu trabalho? Liste três ou quatro maneiras específicas de glorificar a Deus por meio de uma abordagem bíblica da autoridade em seu próprio contexto.
5. Você é um chefe ou um funcionário que só se importa com seus colegas por causa da produtividade deles? Pense nas pessoas que talvez se reportem a você ou se encontrem com você e cite uma maneira de orar por elas, uma por uma, esta semana.
6. Você já pediu desculpas para alguma pessoa em seu local de trabalho por sua atitude, modo de falar ou ações em relação a ela? Por qual razão você fez isso? Você precisa fazer isso agora?

Capítulo Nove

Como Posso Compartilhar o Evangelho no Trabalho?

Um de nossos amigos, Hunter, foi usado por Deus para compartilhar o evangelho com um colega de trabalho chamado Ashok e, pela graça de Deus, Ashok veio a crer em Jesus. Ashok agora é membro fiel de uma igreja, está crescendo como cristão e se esforçando para fazer o seu próprio trabalho em nome do Rei Jesus. Pedimos a Ashok para compartilhar conosco como ele chegou a perceber que o evangelho de Jesus era verdadeiro e que ele precisava crer nele. Eis uma parte do que ele nos disse:

> Não me lembro quando eu conheci Hunter, mas acho que foi depois de uma reunião da área de vendas, quando eu apenas lhe disse: "Então você é crente, certo?". Ele me respondeu, e depois disso só me lembro que ficamos amigos. Eu gostava de Hunter. Ele era interessante, divertido, muito bom em seu trabalho

e parecia ter profundidade como pessoa. Conversávamos sobre todo tipo de coisas — *O Senhor dos Anéis*, *Os Simpsons*, *Seinfeld*, coisas do trabalho e da família. Mas também havia algo no Hunter que eu sabia que, de fato, eu ainda não tinha. Em determinado momento, ele me perguntou se eu estaria interessado em ler o livro de Marcos e conversar sobre isso com ele. "Os capítulos são bem curtos", ele me disse, "então, poderíamos falar sobre um ou dois capítulos por alguns minutos e depois dar uma volta, como sempre fazemos". Por razões que só o Espírito Santo pode explicar, eu disse: "Claro, por que não?".

Eu nunca havia encontrado Jesus Cristo antes, mas ao ler aquele livro, achei que Jesus era bem carismático. Ele parecia tão real. Suas palavras eram tão calorosas — e aterradoras também. Hunter respondia as minhas perguntas e, de vez em quando, explicava o que, de fato, estava acontecendo. Ele também explicou sobre o pecado, dizendo que todos somos pecadores e descreveu para onde vamos quando morremos sem ter nos arrependido e colocado nossa fé em Cristo. Hunter também investiu em nossa amizade, e me convidou para ir à igreja. Eu fui, e as pessoas que encontrei depois do culto eram bem mais normais do que eu esperava! Comecei a visitar a igreja com frequência. Eu era atraído para ouvir a Palavra de Deus. Ela lançou luz em minha vida de escuridão, rebaixando-me mui-

Como Posso Compartilhar o Evangelho no Trabalho?

to, antes de me erguer novamente. Deus me salvou em agosto de 2002.

Que história incrível! Mas, e daí — é sempre tão fácil assim compartilhar a sua fé? Quantas vezes alguém já virou para você no trabalho e disse: "Então, você é crente, certo?". Se isso acontecesse toda semana, o evangelismo no local de trabalho seria moleza! Infelizmente, histórias como a de Ashok não são um acontecimento comum. Podemos ser os mais bondosos, gentis, amáveis, atenciosos, humildes, pacientes, bons e visivelmente mais maravilhosos que desejarmos. E ainda assim é provável que os nossos colegas de trabalho apenas imaginem que gostamos das rosquinhas que comemos naquela manhã. Existe um velho ditado geralmente atribuído a São Francisco de Assis: "Pregue o evangelho sempre. Se necessário, use palavras". Isso parece bom, mas não faz sentido. Temos de usar palavras, se quisermos pregar o evangelho. Afinal, ele é a boa notícia. E compartilhar notícias exige palavras! É muito raro que uma pessoa no caminho da escola dominical aborde alguém e diga: "Sabe de uma coisa?, reparei que você é uma pessoa muito boa. O que o torna diferente? Por favor, compartilhe o evangelho de Jesus comigo". Se as pessoas ao nosso redor tiverem de conhecer a mensagem do evangelho algum dia, elas não aprenderão isso por meio de nossa vida bem vivida, temos de pregar o evangelho para elas.

IDOLATRIA, INDOLÊNCIA E EVANGELISMO

Obviamente, a pregação do evangelho é outra área profundamente afetada por nossa idolatria ou indolência no trabalho. Se tivermos feito do nosso trabalho um ídolo, então será provável que não sejamos sensíveis às oportunidades de falar do evangelho com nossos colegas de trabalho. Pelo contrário, a busca por reputação, prestígio, dinheiro e progresso minimizarão qualquer outra consideração em nossa mente, e não há como pôr em jogo uma promoção, falando sobre o evangelho com uma pessoa que está para tomar uma decisão. Semelhantemente, por que falar acerca de coisas *espirituais* com os nossos empregados, quando há preocupações com os negócios muito mais importantes para falar com eles? A idolatria do trabalho nos cegará. Ela impedirá que os nossos olhos vejam as realidades espirituais ao nosso redor.

Mas a indolência no trabalho é também venenosa para o evangelismo. É difícil fazer o nosso trabalho com alegria quando o trabalho parece sem propósito. Nós reclamaremos e murmuraremos, suspiraremos e lamentaremos, e geralmente nos tornaremos um ímã para o desafeto e a desilusão. Mesmo que as pessoas sejam atraídas pelo nosso cinismo, ainda assim isso não será uma via para o evangelho. Se já formos distinguidos como pessoas caracterizadas pela indolência, pelo cinismo e, de forma geral, pela falta de compromisso na rotina diária, não importa o quão apaixonados nos sintamos ao dizer: "Bem, eu faço *tudo* para a glória de Jesus". As pessoas simplesmente não nos ouvirão. É simples assim. A indolência em nosso trabalho destruirá a nossa credibilidade para falar do evangelho de Jesus.

Uma vez que nos arrependamos da idolatria e da indolência, entretanto, os nossos olhos são abertos para as realidades espirituais, e nos tornamos o tipo de pessoa que vive uma vida que adorna o evangelho que prega. A Bíblia nos diz que uma parte do que significa ser seguidor de Cristo é que nós não somos nada menos que seus representantes. Veja como Paulo expressa isso em 2 Coríntios 5.17, 19-20:

> E, assim, se alguém está em Cristo, é nova criatura; as coisas antigas já passaram; eis que se fizeram novas.
> ...E [Deus] nos confiou a palavra da reconciliação. De sorte que somos embaixadores em nome de Cristo, como se Deus exortasse por nosso intermédio.

Você já pensou sobre isso? Como crentes, nós somos totalmente credenciados, embaixadores adornados do império de Jesus Cristo, o Supremo Rei do universo. Deus nos confiou a mensagem da reconciliação, a mensagem das boas novas de que Jesus reconcilia os pecadores com Deus. E adivinhe? Isso é tão verdade das 9 às 17 horas, de segunda à sexta, como o é em qualquer outro momento de nossa vida. Quando vamos à igreja, somos embaixadores do Rei. Quando saímos com os amigos, somos embaixadores do Rei. Quando vamos para o trabalho, encontramos um cliente, participamos de uma reunião, trabalhamos num projeto, martelamos um prego, criamos uma cópia heliográfica, damos as boas-vindas a um freguês ou escrevemos num papel em branco; ainda somos embaixadores do Rei. O evangelismo não é o propósito primordial de nosso trabalho. A Bíblia nos revela todo tipo de propósitos e motivações para o nosso trabalho. Entretanto, não deveríamos nos enganar. O evangelismo é um desses propósitos. Somos embaixadores do Rei sempre, inclusive no tempo em que estivermos no trabalho.

Então, como podemos compartilhar, com fidelidade, o evangelho com as pessoas no trabalho?

1. Apenas fazendo um bom trabalho como crentes.

Quando temos a chance de falar do evangelho para um de nossos colegas de trabalho, devemos estar certos de que já temos demonstrado nossa fé, sendo funcionários bons e fiéis. Devemos construir uma reputação de pessoas que trabalham com propósito, criatividade, bondade e encorajamento. Assim, quando tivermos de compartilhar o evangelho, as pessoas verão reflexos do caráter do nosso grandioso Rei em nós.

Na prática, podemos colocar os nossos desafios no trabalho, à luz do evangelho, e perguntar a nós mesmos como podemos abordá-las como se estivéssemos "trabalhando para o Senhor" (Colossenses 3.23). Jesus gostaria que nós pegássemos o caminho mais fácil nesse projeto? Ele gostaria que defraudássemos aquele cliente, fazendo aquele trabalho com material inferior? Ele gostaria que atacássemos os nossos empregados quando eles cometessem erros, mesmos que fossem absurdos? Ele gostaria que ficássemos nos lastimando ao longo do dia com um espírito de ressentimento e raiva? Não. Mas ele gostaria que enfrentássemos os nossos desafios com fé, porque, em última análise, todos eles provêm de suas mãos. Em meio a tudo isso, ele quer que resplandeçamos "como luzeiros no mundo, preservando a palavra da vida" (Filipenses 2.15-16). Dessa forma, o evangelho que pregamos será confirmado aos olhos daqueles que estão nos observando.

2. Aprendendo a colocar Deus à vista de todos. Isso mesmo, apenas revelando-o ali! Devemos deixar que as pessoas saibam que somos crentes, de forma segura, desembaraçada e natural. Por que tantos crentes tentam manter seu cristianismo em segredo? Todos nós queremos que alguém venha até nós e pergunte a respeito do cristianismo (porque isso nos poupa da desajeitada experiência de ter de começar essa conversa por nós mesmos), mas geralmente nos viramos do avesso para não dar essa oportunidade às pessoas.

Quando alguém perguntar o que você fez no final de semana, por favor, diga que você foi à igreja! Mencione o estudo bíblico que você frequenta nas terças à noite. Não apenas murmure: "Sinto muito, não posso ir à sua festa de aniversário, estou ocupado". Diga: "Não posso ir, porque planejei trabalhar com o depósito de roupas da igreja neste fim de semana". Você não deve ser desagradável ou antipático em relação a isso. Apenas deixe claro que, de fato, você se identifica publicamente com Jesus. Deixe que as pessoas saibam, de alguma forma, que você é crente, e não elimine o seu cristianismo de suas interações e conversas. Você ficará surpreso com a frequência com que as pessoas aproveitarão a oportunidade para indagar acerca da pequena informação que você acabou de lhes dar. De modo geral, as pessoas estão muito mais interessadas nas coisas espirituais do que imaginamos. Elas só precisam de um pouquinho de permissão de nossa parte para se sentirem livres para falar sobre essas coisas.

3. Construindo relacionamentos além do escritório.
Devemos nos esforçar para romper os limites pessoal/profissional que podem se formar entre nós e os nossos colegas de trabalho. É lógico, não devemos permitir que os nossos relacionamentos se tornem, de alguma maneira, inadequados. No entanto, se quisermos compartilhar o evangelho com alguém, no final teremos de conversar com a pessoa a respeito de qualquer outra coisa que não seja trabalho.

É verdade, isso não é tão terrivelmente difícil de fazer. Podemos tomar um café depois do trabalho. Fazer perguntas que vão além do habitual bate-papo superficial que, em geral, marca as salas do escritório. Podemos fornecer alguma informação sobre nós mesmos que encoraje a outra pessoa a se abrir também. Podemos falar sobre a nossa família. Ser sinceros em relação a algumas lutas de nossa vida ou falar sobre algumas de nossas expectativas para o futuro. No devido tempo, por meio de nossas perguntas, de nossa abertura e de nosso interesse na vida delas, comunicaremos que nos importamos com elas de um modo bem mais profundo do que apenas com os talentos com os quais elas contribuem para a empresa. Nós nos importamos com elas *por causa delas*. Elas serão muito mais propensas a nos ouvirem falar do evangelho, se souberem que elas não são apenas mais uma peça da engrenagem de nossa máquina profissional.

4. Usando o testemunho da igreja. À medida que construímos relacionamentos com as pessoas, devemos buscar formas de envolver também outros crentes de nossa igreja. Uma das maiores testemunhas do evangelho no planeta é o amor que os crentes têm uns pelos outros. Quando saímos com alguns amigos da igreja, podemos convidar um de nossos colegas de trabalho para estar em nossa companhia. As conversas não têm que ser explicitamente espirituais. Às vezes, as interações entre pessoas de um grupo de cristãos inteligentes, divertidos, interessantes e normais mudarão toda a perspectiva da pessoa acerca do cristianismo. Também podemos convidar os colegas de trabalho para os cultos de adoração da igreja. Devemos deixar que eles vejam o que significa um grupo de cristãos reunirem-se e levarem a fé a sério. Muitos descrentes jamais viram algo assim, e experimentar isso pode trazer todo tipo de bons questionamentos em suas mentes. Jesus chamou seus seguidores para se reunirem em igrejas por alguma razão. A nossa família eclesiástica pode ser um enorme recurso evangelístico. Que eles sejam nossos colegas de trabalho à medida que preservamos a palavra da vida em nosso local de trabalho.

5. Tendo uma mentalidade de "campo missionário" em relação ao nosso trabalho. Você já considerou que, talvez, uma das razões de Deus tê-lo colocado em seu emprego é para que você possa penetrar numa subcultura específica com a mensagem do evangelho? Em toda a nossa sociedade, há inúmeros grupos de pessoas que compartilham muitas coisas em comum apenas por trabalharem na mesma esfera de ação. Elas falam os mesmos jargões; lutam com as mesmas questões e fazem muitas das mesmas perguntas rotineiras. E infelizmente, em muitas dessas subculturas, a verdade do evangelho é, de fato, uma coisa rara. Por exemplo, imagino que eu (Seb) faço parte de um pequeno número de cristãos que trabalha no espaço criativo da Internet hoje em dia. Isso significa que tenho o privilégio de ajudar a penetrar nessa subcultura com a mensagem do evangelho. Com qual grupo específico de pessoas o Rei o colocou para trabalhar? Arquitetos? Professores? Vendedores de carros? Pensar dessa maneira nos ajuda a não ficar desanimados com o pensamento de que milhões de pessoas precisam ouvir o evangelho. Em vez disso, somos energizados com o pensamento de que fomos colocados, pelo nosso Rei, numa rede específica de amigos e relacionamentos, na qual podemos falar a verdade que raramente tem sido ouvida.

Podemos considerar a possibilidade de levar o nosso trabalho para outra parte do mundo, até mesmo para lugares onde seria difícil que missionários de tempo integral fossem. A globalização do mundo dos negócios é um dos mais importantes avanços das missões em toda a história. As empresas estão se

Como Posso Compartilhar o Evangelho no Trabalho?

expandindo internacionalmente e procurando profissionais, técnicos e empresários que abram novos mercados de trabalho onde eles ainda não existem. Por que não considerar ser um engenheiro em Xangai? Por que não estabelecer seu negócio em Dubai, Istambul ou Moscou, onde milhares de pessoas, de centenas de nacionalidades, vivem e trabalham todos os dias? Esses lugares precisam de testemunhas firmes do evangelho. Os missionários de tempo integral que já estão em muitas dessas cidades ficarão profundamente encorajados com outros crentes se mudando para as suas cidades e pondo a mão no arado.

SEJA SÁBIO E CATIVANTE, MAS NÃO PREOCUPADO E PASSIVO

O evangelismo no local de trabalho às vezes é criticado. As pessoas supõem que, isso pode ser de algum modo indelicado, impraticável e perturbador. Mas não tem de ser assim. Podemos fazer um bom trabalho, tornar a nossa fé conhecida, falar com nossos colegas de trabalho sobre suas vidas e convidá-los para se reunirem com outros crentes — e isso pode ser tão natural quanto fazer amigos. Um embaixador do reino de Jesus deve ser sábio e cativante. Ele deve buscar oportunidades de tornar conhecido o fato de ele ser um seguidor de Jesus, mas não precisa ser arrogante ou desagradável quanto a isso. Ele deve tirar vantagem das aberturas nas conversas e estar disposto a defender sua fé quando necessário, mas deve fazê-lo de um modo que atraia as pessoas em vez de repeli-las. É nosso papel buscarmos ser sábios e cativantes.

Infelizmente, os crentes, de forma geral, parecem igualar "sabedoria" em determinadas situações com "ficar calado". Dizemos: "Não teria sido sábio falar até este momento". Ou: "Ah, eu não acho que me fazer conhecido como um cristão teria sido o caminho mais sensato nesse ponto — havia muito potencial para receber ofensas". E nesse ponto nos vemos sendo "sábios" desse jeito em nosso trabalho, por décadas — ao ponto de nossos colegas de trabalho ficarem chocados ao descobrirem que frequentamos a igreja regularmente. Um espectador inocente talvez possa confundir "sábio e cativante" com pouco mais do que "preocupado e passivo!".

Dizem que a melhor parte da coragem é a sabedoria e a discrição. Isso é verdade, mas o inverso também é. A melhor parte da sabedoria e da discrição é a coragem. Se somos embaixadores do Rei, nós simplesmente temos de tornar esse fato conhecido. Temos de falar sobre isso às vezes. Sim, isso pode levar a alguns momentos embaraçosos e a conversas estranhas. Todo embaixador lida com momentos embaraçosos e conversas estranhas. Quando declaramos ser seguidores do Rei Jesus, estamos fazendo uma declaração a respeito do direito que o Rei Jesus tem sobre todos quantos estiverem ali. Todo mundo saberá o que estamos fazendo, portanto, não há como fazer rodeios. Estamos dizendo que o Rei Jesus ressuscitou dentre os mortos e que ele salva pecadores — *e que ninguém mais no universo* faz isso. Isso não é exatamente como bater-papo num coquetel. Se a nossa definição de *sábio* e *cativante* for "só falar de Jesus quando não houver a possibilidade de ofender alguém", podemos entrar num dilema. Não acharemos tal possibilidade.

Pense nisso. Talvez Deus o tenha colocado em seu trabalho específico, com todo o potencial para conversas embaraçosas, exatamente porque ele *quer* que você lide com isso. Então, seja sábio e cativante, mas não se transforme em alguém preocupado e passivo. Fale sobre o Rei, até mesmo no trabalho. Afinal, ele já prometeu que estaria conosco até a consumação do século (Mateus 28.20).

1. Leia e reflita: 2 Coríntios 5.17-20; Filipenses 2.16; Mateus 28.20.
2. Você já compartilhou o evangelho com alguém em seu local de trabalho no ano passado? Nunca? Que desculpas você dá para evitar ser fiel a Deus nessa área? Quem em sua repartição ficaria surpreso se descobrisse que você é crente?
3. Há outros crentes em seu local de trabalho? Como você pode se encontrar com eles para orar pelo quadro de funcionários ou criar estratégias a respeito de como ser uma testemunha cativante em prol do evangelho?

4. Fazer do trabalho um ídolo pode levar alguns crentes a se concentrarem muito mais nas tarefas que têm nas mãos do que em investir nas outras pessoas. No entanto, ser indolente pode levá-los a falhar em honrar a Deus por meio de seu trabalho e até mesmo a refletir o evangelho com deficiência. Você já viu esses dois exemplos negativos em seu local de trabalho? Como você pode aprender com isso?
5. A sua reputação no trabalho é mais importante para você do que ser uma testemunha cativante e fiel de Jesus? Se a resposta for sim, arrependa-se e peça a Deus para transformar seu coração, de modo que você possa encontrar alegria em servir ao Rei Jesus.
6. Como o seu trabalho é um campo missionário? Ore para que Deus lhe dê uma visão crescente sobre como ele pode usar o seu trabalho para a Grande Comissão.

Capítulo Dez

O Ministério de Tempo Integral tem Mais Valor Que Meu Emprego?

Meu (Seb) primeiro emprego depois da faculdade foi numa empresa de consultoria. Aquele era um ótimo treinamento para uma carreira de negócios e também pagava o suficiente, mas eu estava descontente com o que estava fazendo. Ajudar empresas a se tornarem mais lucrativas simplesmente não parecia ser significativo para mim. Ao longo dos anos, tive inúmeros outros empregos, e a pergunta sobre o sentido deles aparecia em cada um. Não seria só um desperdício de tempo estar ajudando os bancos a se fundirem com outras agências ou ajudar uma companhia a ter poder de elevação de preços? Como Deus poderia ser glorificado em algum momento com *isso*?

Essa luta para encontrar sentido em nosso trabalho não é exclusivamente minha. Temos conversado regularmente com pessoas que estão frustradas com seus empregos porque não conseguem ver como aquilo que fazem é um uso significativo e estratégico de seu tempo. Elas olham para os pastores e missionários e pensam: "Bem, *esse é um trabalho significativo*. Comparado a isso, projetar uma ponte para diminuir os problemas de tráfego nessa ou naquela cidade é simplesmente algo sem valor".

Isso é verdade? Existem algumas profissões que são mais valiosas aos olhos de Deus do que outras? Existem algumas profissões que são mais significativas do que outras? Estamos perdendo o nosso tempo se não abandonarmos o nosso emprego "sem sentido" para começar a nos candidatarmos nas agências missionárias? Nós pensamos que a resposta para essas perguntas é não; e queremos mostrar-lhe por que pensamos assim.

Basicamente, a luta com o pensamento de que o nosso trabalho não tem valor nasce de uma mentalidade de indolência em relação ao trabalho. Se falharmos em ver os propósitos de Deus naquilo que estamos fazendo, será incrivelmente fácil olhar para o lugar onde Deus colocou alguma outra pessoa e pensar: "Eu preferia estar fazendo aquilo". Por outro lado, se transformarmos o nosso trabalho em um ídolo, esse tipo de pergunta nos deixará enfurecidos, e responderemos a ela de um modo bem diferente. Em vez de achar que o *nosso* trabalho não tem valor, nós faremos horas-extras para explicar para nós mesmos por que o trabalho *das outras pessoas* não é tão significativo quanto o nosso.

Acreditamos que essas duas formas de pensar estão erradas. Na verdade, pensamos que toda a questão está errada, porque todo esse jogo de tentar atribuir um valor relativo para

O Ministério de Tempo Integral Tem Mais Valor Que Meu emprego?

esta ou aquela profissão é, no final das contas, uma infrutífera perda de tempo. O mundo é muito mais complexo do que isso, e Deus é muito mais soberano do que isso, para que esse esforço inerentemente egoísta tenha algum proveito. Pense nisso. A ideia principal que temos promovido neste livro é que o valor do nosso trabalho não se encontra, enfim, em alguma coisa específica que fazemos; ele se encontra no fato de que, seja o que for que estivermos fazendo, nós o fazemos para o nosso Rei.

De certo modo, toda essa conversa sobre qual profissão tem mais valor aos olhos de Deus traz à mente aquele questionamento dos discípulos acerca de qual deles era o maior. E, é claro, todos eles tinham boas razões para ser o maior. Pedro poderia ter destacado o fato de ter sido o primeiro a confessar Jesus como o Cristo. João poderia ter dito que Jesus o amava mais. Bartolomeu poderia ter se apresentado também. Mas isso não importava. Toda essa conversa era ridícula e pecaminosa, e Jesus os repreendeu por isso. E eu creio que ele teria uma reação semelhante em relação a nossa conversa sobre o trabalho de quem é o melhor.

TIRE SUAS PRÓPRIAS CONCLUSÕES

Por mais abrangente que essa questão possa soar em nossa mente às vezes, devemos perceber que estamos falando a respeito de uma porção realmente pequena de nossa vida. Em grande parte das horas de uma semana, Deus nos chama para fazer exatamente as mesmas coisas, independentemente daquilo que fazemos no nosso emprego. Tire suas próprias conclusões.

Considere dois homens — um é homem de negócios e o outro é pastor. Vamos chamar um de — não sei — Seb, e o outro, de Greg. Os dois têm 168 horas na semana. Ambos tiram de sete a oito horas para dormir à noite. Se ambos estiverem buscando a fidelidade bíblica em suas atribuições, então, eles estarão gastando aproximadamente 65 por cento do tempo em que estão acordados fazendo exatamente as mesmas coisas! Eles estarão servindo em suas igrejas. Estarão amando sua esposa e criando os filhos. Estarão passando tempo com seus amigos e vizinhos — resolvendo problemas e procurando oportunidades para compartilhar o evangelho com as pessoas que conhecem. E depois, nos 35 por cento restantes de sua vida, ambos irão para o trabalho e se esforçarão para trabalhar fielmente para o seu Rei.

Você entende a questão? Quando consideramos a totalidade de suas vidas, não há simplesmente muita diferença entre o que Deus designou que Greg e Seb fizessem. Mesmo nas horas em que Deus os colocou para fazer coisas diferentes, eles têm a mesma responsabilidade primordial — seguir a Jesus e buscar honrá-lo em tudo quanto fizerem. Compreender esse fato nos dá muitas perspectivas. Essa compreensão aborda a evidente tolice de dizer que um deles está vivendo uma vida que é, de alguma forma, mais valiosa aos olhos de Deus do que a vida do outro.

O QUE DEUS VALORIZA?

Ainda assim, o que dizer dos 35 por cento? Não poderíamos ter uma discussão acerca dos 35 por cento de quem é mais valioso

O Ministério de Tempo Integral Tem Mais Valor Que Meu emprego?

na visão de Deus? Não é um fato consumado que Deus valoriza o trabalho de um pastor mais do que o de um empresário ou do que o de um policial? Não. Deus coloca cada um de nós para fazer aquilo que ele gostaria que fizéssemos, e a Bíblia deixa muito claro que determinar aquilo que ele valoriza está além da nossa competência.

Há exemplos disso em toda parte na Bíblia. Davi foi escolhido para ser rei de Israel. Ninguém imaginava que Davi fosse ser aquele a quem Deus escolheria para esse trabalho. Afinal, os irmãos de Davi eram mais velhos, mais altos e mais fortes — eles eram soldados! — e todo mundo sabia que um soldado tinha mais valor na visão de Deus do que um pastor de ovelhas. No entanto, quando chegou a hora do rei ser ungido, foi o pastor a quem Deus escolheu. Na verdade, toda a história da nação de Israel salienta essa questão. Israel não tinha poder ou riqueza. Nem mesmo chegava a ser uma nação — em qualquer definição realista dessa palavra. De fato, se tivéssemos uma conversa a respeito de qual nação poderia ter mais valor para Deus no mundo, Israel raramente estaria na lista. Todavia, apesar disso tudo, Deus os escolhe e os chama de "seu povo próprio" (Deuteronômio 7.6) e de "menina dos [seus] olhos" (Deuteronômio 32.10). Quem poderia imaginar que uma pequena nação patética como Israel era a nação que Deus valorizaria acima de todas as outras?

A parábola de Jesus sobre os trabalhadores, em Mateus 20.1-16, tem esse mesmo argumento:

Porque o reino dos céus é semelhante a um dono de casa que saiu de madrugada para assalariar trabalhadores para a sua vinha. E, tendo ajustado com os trabalhadores a um denário por dia, mandou-os para a vinha.

Saindo pela terceira hora, viu, na praça, outros que estavam desocupados e disse-lhes: Ide vós também para a vinha, e vos darei o que for justo. Eles foram.

Tendo saído outra vez, perto da hora sexta e da nona, procedeu da mesma forma, e, saindo por volta da hora undécima, encontrou outros que estavam desocupados e perguntou-lhes: Por que estivestes aqui desocupados o dia todo?

Responderam-lhe: Porque ninguém nos contratou.

Então, lhes disse ele: Ide também vós para a vinha.

Ao cair da tarde, disse o senhor da vinha ao seu administrador: Chama os trabalhadores e paga-lhes o salário, começando pelos últimos, indo até aos primeiros.

Vindo os da hora undécima, recebeu cada um deles um denário. Ao chegarem os primeiros, pensaram que receberiam mais; porém também estes receberam um denário cada um. Mas, tendo-o recebido, murmuravam contra o dono da casa, dizendo: Estes últimos trabalharam apenas uma hora; contudo, os igualaste a nós, que suportamos a fadiga e o calor do dia.

Mas o proprietário, respondendo, disse a um deles: Amigo, não te faço injustiça; não combinaste comigo

O Ministério de Tempo Integral Tem Mais Valor Que Meu emprego?

um denário? Toma o que é teu e vai-te; pois quero dar a este último tanto quanto a ti. Porventura, não me é lícito fazer o que quero do que é meu? Ou são maus os teus olhos porque eu sou bom? Assim, os últimos serão primeiros, e os primeiros serão últimos.

O argumento dessa história incrível é simples. Jamais devemos supor que o padrão de Deus para "valor e honra" é o mesmo que o nosso. Os trabalhadores tinham um determinado padrão de valor que eles esperavam que estivesse em ação. Se uma hora de trabalho merecia um denário, então, doze horas deveriam merecer doze. Mas a realidade era que todo o dinheiro pertencia ao Senhor, e ele tinha o direito de fazer o pagamento de acordo com sua graça, da forma como escolhesse. Ele não estava agindo de acordo com os padrões deles em relação a qual trabalho tinha valor e qual não.

Nós também temos todos os tipos de padrões pelos quais tentamos determinar o valor das pessoas e daquilo que elas fazem. Às vezes, o nosso padrão é o sucesso. Às vezes é o puro utilitarismo. Em outros momentos, é a nossa percepção do quão espiritual é determinada profissão. Se for um trabalho na igreja, pensamos que Deus deve valorizá-lo mais do que ele valoriza um trabalho num prédio de escritórios.

Você consegue perceber a insensatez desse tipo de pensamento à luz dessa parábola? Os nossos padrões sobre o que é valioso, sobre o que merece recompensa, não são necessariamente os padrões de Deus! É por isso que toda essa conversa acerca do valor relativo de nosso trabalho é muito inconsistente. Jamais devemos nos enganar com o pensamento de que Deus sempre honra as coisas que honramos, ignora as coisas que ignoramos ou valoriza as coisas que valorizamos. Ele tem seu próprio padrão. Tem suas próprias recompensas. Ele as dará ao seu povo da forma que lhe aprouver, e o seu julgamento será perfeitamente justo.

CABEÇA E OMBROS, JOELHOS E DEDOS

Se "valor" não é a forma correta de pensar a respeito de nosso trabalho em relação ao dos outros, então qual é? Bem, considere o que Paulo escreve em Romanos 12.3-8 sobre a maneira como Jesus distribui os dons na igreja local:

> Porque, pela graça que me foi dada, digo a cada um dentre vós que não pense de si mesmo além do que convém; antes, pense com moderação, segundo a medida da fé que Deus repartiu a cada um. Porque assim como num só corpo temos muitos membros, mas nem todos os membros têm a mesma função, assim também nós, conquanto muitos, somos um só corpo em Cristo e membros uns dos outros, tendo, porém, diferentes dons segundo a graça que nos foi dada: se profecia, seja segundo a proporção da fé; se ministério, dediquemo-nos ao ministério; ou o que ensina esmere-se no fazê-lo; ou o que exorta faça-o com dedicação;

O Ministério de Tempo Integral Tem Mais Valor Que Meu emprego?

o que contribui, com liberalidade; o que preside, com diligência; quem exerce misericórdia, com alegria.

Sim, essa passagem está falando da igreja local, mas cremos que os mesmos princípios permanecem quando nós os aplicamos à sociedade como um todo. A melhor maneira de pensar a respeito de nosso trabalho em relação ao trabalho dos outros é não tentar determinar qual tem mais valor em relação ao dos outros, mas em vez disso, perceber que todos trabalham juntos, como um todo harmonioso, como um corpo. Em 1 Coríntios 12.17-20, Paulo escreve essas palavras:

> Se todo o corpo fosse olho, onde estaria o ouvido? Se todo fosse ouvido, onde, o olfato? Mas Deus dispôs os membros, colocando cada um deles no corpo, como lhe aprouve. Se todos, porém, fossem um só membro, onde estaria o corpo? O certo é que há muitos membros, mas um só corpo.

Como decidir qual parte do corpo tem mais valor? Você preferiria perder um olho, um ouvido, o cérebro ou o coração? E se os seus polegares se rebelassem e decidissem desistir de serem polegares para se dedicarem a ser ouvidos?

Você entende a questão? Exatamente como Deus não designou o corpo físico para ser uma única parte, ele também não designou que o corpo da igreja fosse uma única parte. E esse princípio pode também ser aplicado aos propósitos de

Deus neste mundo vasto. Deus certamente planejou ter algumas pessoas servindo como pastores e missionários. Mas também planejou que houvesse oficiais de polícia, professores, carpinteiros, executivos, vendedores, inspetores, garçons, legisladores e todo tipo de outras "partes", trabalhando juntas para manter o "corpo" mais amplo da sociedade humana funcionando com equilíbrio.

Há todo tipo de lições a serem aprendidas com isso. Para começar, ninguém que esteja trabalhando e dando sua contribuição para o "corpo" mais amplo da sociedade humana jamais deve se deixar enganar pelo pensamento de que sua contribuição não tem valor. Conforme Paulo escreve a respeito da igreja: "Os membros do corpo que parecem ser mais fracos são necessários" (1 Coríntios 12.22). Todos nós temos nossas próprias ideias em relação a quais profissões são importantes e quais não são tão necessárias. Mas, de modo geral, as profissões que julgamos sem importância demonstram ser muito mais importantes do que poderíamos pensar. Uma sociedade como a igreja é uma matriz vital de relacionamentos interligados. O trabalho que uma pessoa faz afeta a vida de outras, não importa o quão pequeno e insignificante esse trabalho possa parecer.

Se você luta com o pensamento de que sua própria profissão é sem valor, talvez você devesse pensar no que aconteceria se ninguém fizesse o trabalho que você faz. Por quanto tempo, de fato, esse sistema duraria antes de entrar em colapso? Como a sociedade, como um todo, seria afetada? Sua profissão não é indispensável — nenhuma profissão é — mas talvez não seja

O Ministério de Tempo Integral Tem Mais Valor Que Meu emprego?

tão dispensável quanto você possa supor. Se você tem o problema oposto e está convencido de que o seu trabalho é um dos mais importantes do mundo, preste atenção à advertência de Paulo em 1 Coríntios 12.21: "Não podem os olhos dizer à mão: Não precisamos de ti; nem ainda a cabeça, aos pés: Não preciso de vós". Pense nisso. O que você faria se todas essas profissões "menos importantes" ao seu redor desaparecessem? O quão bem sua profissão continuaria a funcionar? O quão bem o olho autolisonjeador funcionaria sem o restante do corpo? O quão bem a cabeça funcionaria se não tivesse os outros membros do corpo para apoiá-la? Não funcionariam muito bem! O mesmo é verdade em relação a você. Você poderia se esgoelar dizendo o quanto o seu trabalho é valioso. No entanto, permanece o fato de que o seu trabalho é só uma parte de todo um conjunto de profissões no corpo social que Deus colocou juntas, e sem as outras partes, o seu trabalho deixaria de ter função.

O argumento, de novo, é que questionar o "valor" não é simplesmente a pergunta correta. Paulo deixa isso bem claro em seu ensino em Romanos 12 e 1 Coríntios 12. Quais dons têm mais valor na igreja? *Pergunta errada!* Paulo conclui. Todos os diferentes dons na igreja funcionam simultaneamente para criar um corpo que funciona bem. Se tirarmos algum deles ou se fizermos com que todo o corpo seja uma única parte, arruinaremos a beleza, não só do todo, mas também de cada parte individual. Elas só são belas quando complementam umas as outras e funcionam juntas. O mesmo é verdade quando se trata de nosso trabalho na sociedade. Nenhum deles permanece sozinho. Todos eles foram organizados por Deus para criar um corpo que funciona bem, e o papel de cada um de nós complementa e apoia o do outro. Todos eles funcionam juntos para fazer a sociedade trabalhar.

TUDO SE RESUME À POSIÇÃO

Se isso for verdade, então, não há uma fórmula matemática que possamos usar para nos dizer qual trabalho tem mais valor e, consequentemente, em qual trabalho devemos gastar a nossa vida. Não devemos todos ser pastores, como também não devemos todos ser oficiais de polícia. Então, como tudo isso é determinado? É simples. O Rei nos dispõe conforme ele quer. Ele nos coloca onde poderemos servir melhor aos seus propósitos. Ele coloca alguns como pastores e missionários; outros, como professores e empresários. No final das contas, isso é da conta dele. Portanto, não devemos ficar profundamente ofendidos se estivermos numa posição na qual preferíamos não estar. Esse é o lugar onde o Rei nos colocou, e ele tem razões para fazer isso. Talvez ele nos coloque para fazer outra coisa mais adiante. Devemos estar aprendendo novas habilidades que nos tornarão mais eficientes em nossa próxima posição. O que importa é fazer o trabalho que o nosso Rei nos deu para fazer — e fazê-lo bem feito.

Considere a história de José registrada no livro de Gênesis. Você acha que José queria ficar trabalhando na casa de Potifar, mesmo depois de Potifar tê-lo designado para ser encarregado de todos os seus negócios domésticos? Não. Ele havia sido vendido como escravo pelos seus irmãos. Ele, de fato, queria voltar para casa, com seu pai. Apesar disso, ele serviu fielmente onde estava porque sabia que, no final, ele estava prestando serviço a Deus, não a Potifar.

Essa fidelidade de José é ainda mais incrível quando Potifar o lança na prisão. Mesmo enquanto estava preso, José executou, com fidelidade, o trabalho que lhe havia sido dado. Por quê? Porque ele estava trabalhando em nome de Deus. Então, anime-se. Talvez a tarefa que seu Rei tenha lhe dado no presente não seja aquilo que você teria escolhido para você. Tudo bem. Mesmo assim, considere-se privilegiado e abençoado além da conta por estar no serviço dele. Confie nele. Confie no julgamento dele. Confie na sabedoria dele em relação à forma como ele o está usando. Sirva-o com tudo o que você é, onde quer que ele o tenha colocado.

Como você poderá descobrir onde Deus o está colocando? Afinal, isso não é como se um e-mail de alta prioridade aparecesse do céu, com o assunto: "Sua próxima tarefa". Claro, talvez seja simples olhar para baixo e dizer em relação ao seu trabalho atual: "Este é o lugar onde Deus me colocou por esse período". A pergunta mais difícil é olhar adiante e dizer: "Onde Deus me colocará no *próximo período?*" — quer esse período comece na próxima década, no ano seguinte ou amanhã.

Mais uma vez, muitos livros têm sido escritos a respeito do assunto de como discernir a vontade de Deus. Não tomaremos tempo para dizer tudo o que poderia ser dito. Mas podemos dizer que isso é bem mais simples e também bem mais complicado do que muitos crentes pensam. É mais simples porque discernir a vontade de Deus, de fato, se resume ao que *nós queremos* fazer, multiplicado por aquilo que fomos *dotados* para fazer, multiplicado por quais oportunidades estão *disponíveis* a nós neste momento. Não precisamos pôr uma porção de lã na eira ou esperar por sensações ou tentar interpreter sinais. Deus não escondeu sua vontade de nós, enviando-nos por aí, para algum tipo de gincana doentia. Não, isso realmente é uma simples questão de alinhar os desejos, os dons e as oportunidades. Por outro lado, pensar nisso tudo com cautela pode ser muito mais complicado do que receber "um sinal do céu". Isso requer que pensemos, oremos e busquemos um conselho piedoso. Requer que façamos um exame minucioso de nossos desejos, para termos a certeza de que eles não são, de algum modo, pecaminosos; requer que sejamos sinceros acerca de nossos dons e habilidades e que encontremos contentamento naquele período, quando aquilo que gostaríamos de fazer simplesmente não está disponível.

Não há nada de errado em olhar adiante, sonhar com as possibilidades futuras e fazer o difícil trabalho de pensar a respeito de onde Deus planejou nos colocar depois. Se você vir um emprego que se alinhe com os seus dons e habilidades, que esteja disponível e que seja algo que você gostaria de fazer, releia o capítulo 5 deste livro e vá para esse emprego! Caso contrário, esse é o momento no qual se torna crucial que você confie que o Rei Jesus o colocou onde você está por boas razões. E as razões dele são *sempre* boas.

CONCLUSÃO

Então, de volta à pergunta com a qual começamos: Seu trabalho tem menos valor do que o trabalho de seu pastor? Bem, não — do mesmo modo como o coração não tem menos valor do que o cérebro ou o soldado de infantaria não tem menos valor do que o da cavalaria. Se isso for verdade, então o "valor" não tem muito a ver com essas coisas, afinal. Ele se resume ao *chamado*.

O que Deus lhe chamou a fazer? Em outras palavras, ele lhe deu desejo, capacidade e oportunidade para fazer o quê? Sim, Deus chama algumas pessoas para o ministério de tempo integral na igreja local, e esse é um chamado nobre. Ele chama outros para serem advogados, médicos, soldados, políticos, vendedores e administradores; e esses são também chamados nobres, porque todos trabalham juntos para criar uma sociedade que funciona bem. Deus o chamou para fazer o quê? O que você quer fazer; e Deus lhe deu capacidade e oportunidade para fazer o quê? Precisamos fazer essas perguntas em vez de tentar resolver alguma equação que nos diga: "O trabalho que tem mais valor no planeta é o trabalho 'X'". Não, essa questão não é válida. A questão é se você está fazendo aquilo que Deus o chamou para fazer — e se você está fazendo isso bem feito.

1. Leia e reflita: Mateus 20.1-16; Romanos 12.3-8; 1 Coríntios 12.12-27.

2. Você já se sentiu mais importante ou menos importante do que aqueles que estão no ministério cristão de tempo integral? O que o fez sentir-se assim?
3. Pratique a lógica deste capítulo. Por que o pensamento de que o seu trabalho tem mais valor ou menos valor do que o dos outros é um modo ruim de pensar acerca do serviço para o Rei?
4. Quais são as formas pelas quais você atribui valor às diversas profissões? É pelo dinheiro, pelo poder, pela reputação? Qual é a forma bíblica de pensar a respeito das diferenças nas profissões?
5. Você já pensou em buscar um ministério de tempo integral? Por que sim ou por que não? Avalie suas motivações junto com outra pessoa.
6. Se você for pastor, como você pode ganhar uma paixão maior para edificar os trabalhadores que estão em sua igreja? Como você pode adquirir mais habilidade para essa importante tarefa?

Conclusão

Definindo o Sucesso

Trabalhamos para o Rei. Não importa em que empresa ou qual o nosso salário, trabalhamos para o Rei Jesus. Essa é a ideia que temos discutido ao longo deste livro, e uma vez que comecemos a conceber o nosso trabalho nesses termos, os desdobramentos disso serão enormes. E, de repente, perceberemos que o nosso trabalho não pode nos oferecer tudo o que o mundo diz que ele pode. Ele não pode nos dar uma identidade, propósito ou sentido absolutos. O nosso trabalho não nos satisfará plenamente e nem pode fazê-lo. Quando trabalhamos para Jesus, a fascinação de transformar o trabalho no objeto de nossa adoração desvanece.

E não só isso, mas também percebemos que essa não é só uma questão de trabalhar arduamente a cada dia, dizendo para nós mesmos que isso, na verdade, não importa; ou, fazendo um trabalho medíocre; tratando os nossos colegas de traba-

O Evangelho no Trabalho

lho com indiferença ou desdém e, de forma geral, matando o tempo para que possamos ir embora. Uma vez que entendemos que trabalhamos para Jesus, também perceberemos que ele nos pôs em nosso emprego por alguma razão, e por isso, a indolência no nosso trabalho — estar cegos para os propósitos de Deus e, portanto, não nos importar com o nosso trabalho — não é mais uma opção para nós.

Nada de idolatria no trabalho. Nada de indolência no trabalho. Em lugar disso, almejamos ser fiéis ao Rei, que nos colocou no lugar onde estamos. Quando trabalhamos para Jesus, a própria definição do que significa ser bem-sucedido muda. O mundo tem todo tipo de ideias a respeito de como medir o sucesso. O dinheiro é uma delas. "Ninguém leva nada para o túmulo", diz o antigo ditado. O poder é outra unidade de medida. Aquele que acumula ao longo da vida a maior influência sobre as pessoas — *essa* é uma pessoa bem-sucedida. Até mesmo o impacto tangível pode ser uma unidade de medida. Steve Jobs e sua revolução na informação definiram o sucesso de acordo com esse modo de pensar. Para alguns, a simples sobrevivência é sucesso. Se houver comida na mesa, um teto sobre a cabeça, economias para a faculdade dos filhos e algumas férias ocasionais, então estaremos vivendo uma vida bem-sucedida.

Se você nos acompanhou ao longo deste livro, talvez já seja capaz de perceber por que, na verdade, nenhuma dessas definições de sucesso são aceitáveis para um cristão. Cada uma delas, a seu próprio modo, seduzem tanto a mente que está

Conclusão - Definindo o Sucesso

supervalorizando o trabalho quanto a que o está desprezando. Para o crente, no entanto, a definição de sucesso tem pouco a ver com qualquer uma dessas coisas — dinheiro, poder, influência, mudança, um padrão respeitável de vida. Em vez disso, o sucesso é definido como *fidelidade* — fazer qualquer coisa que fizermos com singeleza de coração, porque sabemos que o Rei está nos observando. Talvez o nosso trabalho produza muito dinheiro — isso é ótimo! Talvez ele nos traga poder ou influência — isso é formidável! Talvez ele transforme o mundo. Talvez ele dê um padrão respeitável de vida para a nossa família. Sim, talvez. Ou talvez não. No final das contas, nenhuma dessas coisas faz de nós um sucesso.

O que faz de nós um sucesso é sermos capazes de estar diante do Rei Jesus um dia e dizer: "Eu servi bem no lugar onde o Senhor me colocou. Dei tudo de mim. Trabalhei com todo o meu coração, porque estava trabalhando para o Senhor, não para homens".

Quando esse se torna o nosso alvo, é grandemente libertador, pois não temos mais de definir o sucesso nos termos do mundo; passamos a defini-lo nos termos de Jesus. Ele nos liberta de tentar encontrar o sucesso comparando-nos com os outros. Em vez disso, o sucesso passa a ser definido simplesmente pelo fato de darmos tudo ao Rei Jesus. Talvez não sejamos a pessoa mais talentosa do planeta. Talvez sejamos uma pessoa que tenha um ou dois talentos, em vez de uma pessoa com cinco talentos. E daí? O nosso Rei nos fez da forma como somos. Ele nos colocou para trabalhar onde ele quer que trabalhemos, e a nossa tarefa é sermos fiéis a ele, dar tudo de nós com todas as coisas que ele nos tem dado. Muitos crentes lutam diariamente com o perfeccionismo, a comparação e até mesmo com a inveja. Se esse for o seu caso, então ouça o chamado de Deus, que é libertador e gracioso, para a fidelidade em vez da perfeição. Trabalhar para o Rei nos liberta da tirania de nos compararmos com os outros a fim de nos sentirmos bem em relação a nós mesmos.

Trabalhar para Jesus também nos liberta de medir o sucesso através dos resultados que alcançamos. Em vez disso, definimos o sucesso simplesmente pelo fato de trabalharmos bem e de confiar em Deus em relação aos resultados. Provérbios 16 é uma das mais importantes passagens das Escrituras para ler, principalmente se você for uma pessoa motivada, orientada por resultados. Leia todo esse capítulo e observe os verbos que ele utiliza para aquilo que *nós* fazemos. Esses provérbios nos dizem que o homem faz planos (16.1, 9), avalia o seu caminho (16.2) e lança sortes (16.33). Mas veja o que *o Senhor* faz. Ele provê a resposta (16.1), pesa as motivações das pessoas (16.2), estabelece os planos e os passos do homem (16.3, 9), forma todas as coisas (16.4) e está no controle de cada decisão (16.33). Nós podemos planejar, esquematizar e trabalhar, mas o resultado é Deus quem determina. Que verdade maravilhosamente libertadora é essa! O Deus do universo, o Deus que nos ama e que deu seu próprio Filho por nós, tem tudo em suas mãos poderosas, até mesmo os resultados do nosso trabalho. Se formos bem-sucedidos, foi ele quem decidiu nos deixar ser bem-suce-

Conclusão - Definindo o Sucesso

didos. Se falharmos, então, isso também foi ele quem decidiu. Podemos confiar, sejam quais forem os resultados, que "todas as coisas cooperam para o bem daqueles que amam a Deus" (Romanos 8.28). Os resultados simplesmente não estão em nossas mãos. Nós trabalhamos arduamente e com inteligência. Trabalhamos com todo o nosso coração. E confiamos em Deus quanto aos resultados. Nós empurramos o arado com firmeza, mas sempre com generosidade. Trabalhar para Jesus nos liberta da obrigação de medir o sucesso por meio das recompensas imediatas. Os frutos do trabalho árduo que recebemos nesta vida são ótimos. Mas não importa quanta alegria tenhamos como recompensa de um trabalho bem feito, como crentes, nós sabemos que nossas recompensas mais excelentes somente virão a nós quando estivermos na presença de Jesus — e ao contrário de qualquer coisa que este mundo nos proporcione, essas recompensas jamais se estragarão ou desvanecerão. Isso é exatamente o tipo de âncora para a nossa alma que nos permite trabalhar com todo o nosso coração, amar a Deus e amar aos outros em nosso local de trabalho sem temer o que essas coisas possam fazer à nossa carreira profissional. Começamos a dar tudo de nós sem ter de nos preocupar com o resultado final. Por quê? Porque não importa qual seja o resultado no fim deste mundo, sabemos que já o obtivemos para o mundo seguinte. A nossa recompensa está nos esperando nas mãos marcadas com pregos daquele que já consumou sua obra.

Após a leitura deste livro, esperamos que você possa perceber como o fato de concentrar a nossa mente na verdade de que trabalhamos para Jesus nos traz imensa liberdade em nosso trabalho. O trabalho deixa de ser um tirano esmagador, o qual exige a nossa adoração, ou uma draga opressiva que nos deixa com a sensação de sermos drenados, usados e de estarmos sem propósito. Não podemos pensar deste modo, visto que o trabalho do nosso Rei já ganhou para nós as coisas mais importantes do universo! Por causa da obra de Jesus na cruz em nosso favor, porque ele vive e reina neste exato momento, nós temos identidade, sabemos que pertencemos a alguém, temos amor, aceitação, perdão, adoção, justificação e recompensa. Tudo isso é nosso por toda a eternidade. E porque isso é verdade, estamos gloriosamente livres de ter de buscar essas coisas (ou melhor, as imitações baratas dessas coisas) por meio de nosso trabalho. Você entende? Não precisamos que o nosso trabalho nos ofereça uma identidade, pois já temos uma identidade em Cristo. Não precisamos que ele nos dê um lugar ao qual pertencer, pois já fomos adotados por Deus, por causa de Jesus, e pertencemos à sua família redimida. Não precisamos trabalhar para ser amados, estimados ou aceitos, nem precisamos provar para nós mesmos que somos dignos de valor. Por quê? Porque tudo isso já foi garantido para nós por meio de Jesus!

Então, aonde isso leva o nosso trabalho? Diante disso, que papel em nossa vida o trabalho representa? É simples. Isso deixa o nosso trabalho livre da exigência impossível de nos dar algo que ele nunca foi planejado para oferecer e da desculpa de que ele não é importante; e nos deixa livres para viver uma vida de serviço sincero e alegre para o nosso Rei!

Conclusão - Definindo o Sucesso

1. Leia e Reflita: Provérbios 16; Romanos 8.28.
2. Resuma a ideia principal deste livro. Como esta ideia desafia a sua visão de sucesso?
3. Faça uma descrição do seu trabalho do ponto de vista de Deus.
4. A quais tentações mundanas você é mais suscetível?
5. De que maneiras o fato de trabalhar para o Rei Jesus lhe dá propósito e sentido em seu trabalho?

Agradecimentos

Acima de tudo, louvamos a Deus por sua graça em nos dar o interesse, a visão e a energia para escrever este livro. Este livro nasceu de nossas próprias perguntas, angústias e lutas no local de trabalho, e também de nossa busca por ajuda nas Escrituras.

Deus usou muitas pessoas para moldar o nosso pensamento e para nos encorajar na fidelidade. Nossos agradecimentos especiais a Matt Aiello e Ashok Nachnani, dois irmãos cujos conselhos piedosos e sabedoria têm sido um enorme encorajamento prático.

Também temos sido abençoados por nossas igrejas: *Third Avenue Baptist Church*, em Louisville (Greg), e *Capitol Hill Baptist Church*, em Washington (Seb). Louvamos a Deus por esses santos fiéis e oramos para que a parceria entre essas duas igrejas continue a dar frutos por muitos anos.

A Mark Dever, obrigado por seu compromisso com a pregação expositiva e aplicação fiel da Palavra, e por sua determinação em ensinar essas habilidades aos outros. E também agradecemos aos outros irmãos que têm moldado o nosso pensamento. Mike Gilbart-Smith, Andrew Nichols, Jonathan Leeman, Jamie Dunlop, Josh Morrell, Scott Croft e Bob Tucker têm sido ótimos parceiros para compartilhar pensamentos. Ryan Townsend, Jason Townsend, Gus Pritchard, Justin Wredberg e Corby Megorden têm sido encorajadores maravilhosos, assim como as equipes do Marketplace One e do Fórum EI, da Redeemer Presbyterian Church (Igreja Presbiteriana Redentor).

Agradecemos especialmente a Josh Trent, que escreveu as perguntas de estudo no final de cada capítulo e que foi um grande encorajamento para acelerar este projeto.

Eu (Seb) gostaria de agradecer principalmente aos meus formidáveis parceiros de negócios ao longo dos anos — Duncan Rein, Brian Fujito e David Lam — que ajudaram a refinar meu pensamento e que sabem muito bem que eu sou uma obra que ainda está em andamento no que se refere a dar testemunho do evangelho em meu trabalho. Também sou grato aos meus colegas de trabalho na Christianity.com e na Razoo, bem como pelas equipes de investimento da Legatum e FiveStreet, principalmente a Tom Holton, que botou fé em dois caras de vinte e poucos anos e que é um modelo de serviço fiel ao Rei.

E, por fim, nós dois gostaríamos de agradecer (respectivamente, é claro!) às nossas parceiras mais queridas neste

Agradecimentos

projeto e na jornada de nossa vida. As nossas esposas incríveis, Nikki Traeger e Moriah Gilbert, um milhão de agradecimentos a vocês! Vocês duas têm dado tanto e recebido tão pouco por amar esses homens imperfeitos. Por meio de seu amor, apoio e encorajamento — em seus papéis de esposas, mães, membros de igreja, amigas e encorajadoras — vocês demonstram de forma verdadeira e clara o que significa "trabalhar para o Rei". Nós as amamos muito!

Apêndice

Cinco Práticas para Ajudar você a Viver o Evangelho no Trabalho

Ao longo dos anos, eu (Seb) tenho adotado cinco práticas que me ajudam em minha luta para viver o evangelho no trabalho. Enquanto você não concordar com todas elas (ou com alguma delas), eu o encorajo a pensar a respeito de como você pode criar rotinas em seu viver que o ajudem a crescer na fidelidade e a ser mais frutífero.

**TEMPO COM JESUS:
ESTAR NA PALAVRA E EM ORAÇÃO DIARIAMENTE**
Umas das principais maneiras de crescermos como cristãos é indo diretamente à fonte, a Palavra de Deus. Romanos 12.2 recomenda com veemência: "Transformai-vos pela renovação da vossa mente" — e o tempo constante com a Palavra é ótimo para isso. Eu gosto de pensar no fato de passar tempo com a Palavra como algo semelhante ao que acontece com uma cafe-

teira elétrica. Se passarmos água pelo café moído, sai um café preto. Se continuarmos a passar água limpa pelo mesmo café moído, o que sai começa a ficar cada vez mais claro. Quando deixamos a Palavra passar por nós, o nosso coração é transformado, e mais semelhança com Cristo começa a sair de nós.

Para aqueles que estão no mercado de trabalho, sugiro que leiam um capítulo de Provérbios todos os dias. Seus trinta e um capítulos cobrem os trinta, ou trinta e um, dias de um mês normal. Sempre sabemos qual capítulo devemos ler com base no dia do mês. Pelas minhas contas, mais de 150 Provérbios referem-se ao local de trabalho, e assim você descobrirá que no desenrolar do seu dia de trabalho você os trará à mente muitas vezes. Esse livro da Bíblia é rico em aplicações, já que ele expõe como é a sabedoria piedosa na vida do cristão. Considere esta pequena amostra de Provérbios 16:

- "Os lábios justos são o contentamento do rei, e ele ama o que fala coisas retas" (16.13).
- "Peso e balança justos pertencem ao SENHOR; obra sua são todos os pesos da bolsa" (16.11).
- "Melhor é o longânimo do que o herói da guerra, e o que domina o seu espírito, do que o que toma uma cidade" (16.32).

Também o encorajamos a orar intensamente por sua agenda, por sua lista de coisas a fazer e pelos relacionamentos no local de trabalho todos os dias. Antes de começar o dia, faça uma pausa por alguns minutos para orar pelos vários encontros, memorandos, e-mails, telefonemas e interações que você terá. Ore por humildade, graça e paciência. Ore para que você esteja cheio de adoração e gratidão ao Senhor pelo seu emprego e pelas oportunidades de fazer boas obras para o louvor da glória dele. Ore para que você seja benevolente nos relacionamentos difíceis. Ore para que você sirva bem ao seu chefe e clientes, como se estivesse trabalhando para o Senhor.

Finalmente, se você estiver se sentindo ansioso ou preocupado em relação ao futuro, faça uma longa caminhada ou pegue um jornal no café mais próximo. Lembre-se do que Deus o salvou — do seu pecado — e para que ele o salvou — para uma vida nova e eterna. Lembre-se de todas as maneiras em que Deus se mostrou confiável no passado. Observe como a sua ansiedade específica é afastada à luz do evangelho. Deixe que Jesus seja a âncora da sua confiança. Eu sei que preciso fazer isso de meses em meses para tratar da luta de transformar o meu trabalho em um ídolo ou de ser indolente nele.

PERTENCER:
FREQUENTAR UMA IGREJA LOCAL E ESTAR ATIVAMENTE ENVOLVIDO COM ELA

Se quisermos levantar voo como discípulos, precisamos de duas asas — nosso próprio tempo pessoal de leitura da Bíblia e a oração são uma, e nossa igreja local é outra. Deus nos chamou graciosamente para nos reunirmos em igrejas locais onde podemos adorar a Deus, ouvir as verdades de sua Palavra proclamada e lembrar uns aos outros da fidelidade de Deus — onde podemos caminhar pela vida e ser conhecidos pelos outros. O fato de nos reunirmos para edificar outros que talvez não tenham o mesmo grau de instrução, a mesma etnia ou as mesmas experiências que temos é um ótimo lembrete de que não devemos medir o sucesso pelos padrões do mundo.

PRESTAÇÃO DE CONTAS: SER SINCERO COM OS OUTROS A RESPEITO DA NOSSA VIDA

Os relacionamentos de prestação de contas nos ajudam a lutar contra os padrões deste mundo e contra o modo como eles afetam os nossos pensamentos e práticas. Eu faço isso me encontrando com um amigo da igreja duas vezes por semana para avaliarmos as esferas-chave da vida. Agendamos o mesmo horário toda semana. Quando perdemos uma semana, apenas recomeçamos na semana seguinte. Nós nos encontramos num café, de trinta a quarenta e cinco minutos, para falar sobre estas áreas-chave de nossa vida: discipulado pessoal, relacionamentos (casamento e paternidade, quando for apropriado), ministério e trabalho. Cada um de nós tira dez minutos e pensa nessas áreas em termos de como foram as semanas anteriores e quais são os nossos alvos para as semanas que virão. Damos uma passada por cima de cada uma dessas áreas com o outro e damos permissão mútua para fazer perguntas profundas sobre qualquer uma delas. Normalmente, há uma área na qual gastamos a maior parte do nosso tempo, pensando nela do ponto de vista bíblico. Por exemplo, meu parceiro de prestação de contas estava tentando pensar em como discipular melhor seus filhos pequenos. Ao longo de algumas semanas, à medida que refletíamos na mensagem bíblica sobre a prioridade dessa questão, ele tentou estratégias diferentes e ajuntou observações de diferentes livros, até que encontrou o que parecia funcionar melhor para ele.

Essa abordagem também é especialmente útil quando lutamos para fazer um *bom* trabalho. O seu parceiro de prestação de contas pode ajudá-lo a lutar para ter fidelidade, desenvolvendo bons hábitos de trabalho: chegando no horário a cada manhã, combatendo as distrações no escritório e lembrando-o de que o trabalho bom é fruto do trabalho *fiel*. Além de tudo isso, a verdade-chave a ser percebida é que essa é uma batalha para ter uma motivação intrínseca, uma batalha do coração. O seu parceiro de prestação de contas pode ajudá-lo a julgar o seu coração.

RECAPITULAÇÃO:
FAÇA UMA RECAPITULAÇÃO PERIÓDICA
DAS OBRIGAÇÕES

Eu recomendo fazer uma recapitulação das obrigações periodicamente. Você pode fazer isso como parte do período diário de oração ou pode fazê-lo com um amigo ou com o seu cônjuge. Quando ajustamos a nossa vida de uma maneira mais ou menos regular, podemos perceber os maus hábitos ou os padrões pecaminosos com antecedência e concentrar novamente os nossos esforços na fidelidade e em produzir frutos. Também recapitulo minha agenda semanal com minha esposa e, de meses em meses, revejo completamente todas as principais coisas para as quais dediquei meu tempo e atenção; desse modo, consigo examinar a melhor maneira de organizá-las, a fim de ser fiel em minhas obrigações. Tento examinar qual seria a agenda ideal para fazer aquilo que acho que Deus está me chamando para fazer durante determinado período. Para mim, esses períodos parecem ser de aproximadamente seis meses, contanto que os horários de minha esposa, filhos e trabalho pareçam se ajustar a isso. Por exemplo, minha vida atual faz com que seja mais difícil ter tempo para amizades casuais hoje do que em outros períodos. Então, com a bênção de minha esposa, separei as noites de terça-feira — depois do jantar, depois de pôr as crianças na cama, depois de ter conversado com minha esposa — das 21h às 22h30min, para me dedicar de novo a alguns amigos que eu consiga convidar para sentar no quintal, ao redor de uma fogueira. Em algumas noites há somente eu e um amigo, enquanto que em outras aparecem quatro ou cinco deles.

Outro benefício de uma recapitulação periódica das obrigações é que, ao longo do tempo, aprendemos o quanto estamos conectados e qual planejamento e estilo de vida se enquadram melhor com nossas conexões. Por exemplo, ao longo dos anos, percebi que posso lidar com longas horas de trabalho — desde que sejam consistentes. Na verdade, é mais difícil para eu organizar minha vida — independentemente da quantidade de horas que precise para trabalhar — se as horas e as viagens exigidas forem inconsistentes. Conhecer esse fato me motiva a desenvolver mais regularidade em minha agenda.

RETIRAR-SE:
TIRAR UM TEMPO PARA ESCAPADELAS

Uma das grandes alegrias de minha vida é minha esposa, Nikki. O nosso casamento tem sido beneficiado com nossas saídas semestrais, às quais agendamos por volta de nosso aniversário de casamento (31 de dezembro, então é bem fácil para nós) e no meio do ano. Valorizamos muito esses passeios rápidos e estabelecemos isso no orçamento. Embora esses momentos sempre sejam especiais e memoráveis, eles não são necessariamente caros ou luxuosos. Dependendo da quantidade de tempo que nossos familiares (que Deus os abençoe!) estiverem dispostos a cuidar de nossas crianças e tenham condições de fazê-lo, passamos uma ou duas noites fora.

O nosso alvo é relaxar, desfrutar um ao outro e conversar sobre a nossa vida. O nosso plano é nos divertir e ter três longas conversas — uma para rever os últimos seis meses (e nós passamos mês a mês, escrevendo as lembranças significativas e, depois, resumindo-as em temas); outra para falar sobre nosso relacionamento, com temas que variam entre a nossa comunicação, intimidade, a forma como cada um de nós está espiritualmente, o modo como encorajamos um ao outro, a forma como a nossa agenda está afetando o nosso casamento; e uma terceira conversa para falar sobre os seis meses seguintes, à medida que pensamos em nossas relações com os nossos filhos, com os amigos da igreja e familiares, na forma como os nossos horários estão nos moldando, no estado das nossas finanças e a respeito de nossas esperanças e sonhos para o futuro. Usamos um documento de passeios de casamento para orientar essas conversas. Obviamente, essa vasta gama de temas pode seguir em várias direções. Num mundo que se move rapidamente, separar tempo a cada seis meses para conversar com uma pessoa especialmente escolhida por Deus para me ajudar tem sido um grande investimento em nossa vida.

Além da saída semestral, também vou para uma "Diversão para Homens" anual. Esse nome deve dizer duas coisas: (1) eu tenho uma esposa impressionante que me deixa fazer isso (2) esse é um tempo para eu sair com três ou quatro dos meus melhores amigos (incluindo Greg, o coautor deste livro). Obviamente, a viagem tem um tom de diversão, mas também temos muitas conversas intencionais. O nosso plano é bem simples: brincamos, comemos, conversamos informalmente e descansamos durante o dia; depois, conversamos deliberadamente à noite (geralmente das 21h às 2h da manhã).

Tentamos planejar três noites na viagem, e a cada noite temos uma conversa sobre um tema: família/paternidade, igreja/ministério e trabalho/futuro. Cada um de nós passa por um interrogatório de uma hora em cada tema. Os outros compartilham sobre uma área específica de suas vidas e nos fazem perguntas ("Ei, o que vocês todos estão fazendo em termos de formação acadêmica, e por quê"?). Usamos o restante do tempo para fazer as perguntas de avaliação ("No ano passado você disse que iria controlar o seu orçamento. Como andam as coisas em relação a isso? Que passos você tem dado para alcançar o objetivo? Como o seu coração perdeu o domínio do dinheiro?"). O alvo desse tempo de retiro é encorajar uns aos outros e criticar nossas vidas, tudo com o objetivo de edificar um ao outro para sermos discípulos fiéis que têm diversas obrigações. Se tudo isso for possível para você, eu o encorajo a encontrar de duas a quatro pessoas para passar um tempo fora anualmente, por algum período. Meu treinador de basquete do ensino médio me disse que a vida cristã é uma maratona e não uma corrida de curta distância. Precisamos ter parceiros que nos ajudem a terminar bem a corrida.

FIEL
MINISTÉRIO

O Ministério Fiel visa apoiar a igreja de Deus de fala portuguesa, fornecendo conteúdo bíblico, como literatura, conferências, cursos teológicos e recursos digitais.

Por meio do ministério Apoie um Pastor (MAP), a Fiel auxilia na capacitação de pastores e líderes com recursos, treinamento e acompanhamento que possibilitam o aprofundamento teológico e o desenvolvimento ministerial prático.

Acesse e encontre em nosso site nossas ações ministeriais, centenas de recursos gratuitos como vídeos de pregações e conferências, e-books, audiolivros e artigos.

Visite nosso site
www.ministeriofiel.com.br

Esta obra foi composta em Chaparral Pro Regular 12, e impressa
na Promove Artes Gráficas sobre o papel Apergaminhado 70g/m²,
para Editora Fiel, em Julho de 2023.